目 录

| 卷首语 |

何家弘　民主法治促和谐 / 001

| 三言拍案 |

张　晶　吴英案重述 / 005

陈兴良　吴英集资诈骗案三问 / 007

周光权　刑事法官如何把“账”算清楚 / 012

刘明祥　吴英案与集资诈骗罪、非法吸收公众存款罪的存与废 / 017

| 法治漫谈 |

刘作翔　民主是分层次的——关于民主的三点认识 / 020

王　丽　律师文化与国家治理 / 024

冯亚东　宪政、分权与法治 / 031

乔新生　必须破除反腐败的错误思维定势 / 037

| 法学札记 |

陈卫东　人权保障：走出宪法的“神坛”

——尊重和保障人权从宪法走进刑诉法背后的故事 / 043

龙宗智　刑事诉讼中的“‘等’字定律” / 047

王明锁　刑事诉讼中提起精神损害赔偿的迷茫 / 050

| 法苑随笔 |

柳经纬　漫议“非公益性用地退出征地范畴” / 056

柯华庆　制度侵权与社会福利 / 061

朱伟一　逻辑：法律写作的要旨 / 066

| 身边法事 |

刘桂明　2011 年，那个“限”字让我浮想联翩 / 073

汤啸天　公权冷漠不除，社会冷漠难消 / 078

| 域外法制 |
李　勇　德国见闻录 / 082

| 忆师念友 |
田文昌　严谨的治学精神　高尚的做人品格
——亲历马克昌教授教诲与关爱的感悟 / 088
林来梵　异国恩师 / 091

| 名师剪影 |
彭新林　静水流深 大师风范——记著名法学家、法学教育家陈光中先生 / 098

| 史海钩沉 |
郝铁川　周公为巫的历史意义——中外法史考辨札记 / 104
侯欣一　李木庵与陕甘宁边区司法改革 / 107

| 中外名案 |
崔　敏　法治奇闻五则 / 114
赵晓耕　从“阿云之狱”看北宋党争 / 119

| 学人絮语 |
周道鸾　一位老法官人生经历的转折 / 124
杨立新　六十述怀 / 130

| 聊斋闲话 |
徐国栋　中国文科大学师生关系的悲剧性变迁 / 136
彭　伶　从法律人的素养想到的 / 141

| 书城夜话 |
米　健　欲解实然，先知其所以然，而后论其应然
——沈建峰博士《一般人格权研究》读后 / 145
张君周　时间隧道另一端的案情
——《神探李昌钰破案实录系列：重返犯罪现场》读后 / 149

| 名家访谈 |
鸿　明　刑诉法修改与未成年人司法保护——叶青所长访谈录 / 153

吴英案重述

张　晶*

吴英，1981年5月20日出生，中专文化，浙江东阳市人。18岁中专学习期间辍学经商，先后从事过女子美容、足浴、服装等行业的经营，积累资金千余万元。2006年初产生扩大经营规模打造“本色集团”并上市的想法，之后开始融资。随后，她连续注册了浙江本色集团及下属的概念酒店、投资公司、担保公司、建材城、汽车租赁、婚庆公司等八个公司，并以本色集团的名义购买大量的商铺、房产、汽车、建材、珠宝、酒店用品、床上用品及广告位，同时进行了数千万元的股权投资。

2007年2月10日下午4点30分左右，东阳警方控制了本色集团在东阳的所有门店。当晚，东阳市政府发布公告，宣布吴英已被当地公安机关刑事拘留，理由是涉嫌非法吸收公众存款，本色集团也同时被立案调查。与此同时，与集团有关的债权债务开始登记。

经作为一审法院的浙江省金华市中级人民法院审理查明，被告人吴英在成立本色控股集团有限公司前，即以每万元每日35元、40元、50元不等的高息或每季度分红30%、60%、80%的高投资回报为诱饵，从俞亚素、唐雅琴、夏瑶琴、徐玉兰等人处集资达1400余万元。在已负债上千万元的情况下，为了资金链的延续，于2005年下半年开始，继续以高息和高额回报为诱饵，大量非法集资，并用非法集资款先后虚假注册了多家公司。为掩盖其已巨额负债的事实，又隐瞒事实真相，采用给付高息或高额投资回报的手段，用非法集资款购置房产、投资、捐款等方法，进行虚假宣传，给社会公众造成其有雄厚经济实力的假象，骗取社会资金。2009年12月18日，

* 作者为中国人民大学法学院博士研究生。

浙江省金华市中院作出一审判决：认定被告人吴英以非法占有为目的，隐瞒事实真相，虚构资金用途，以高额利息或高额投资回报为诱饵，骗取集资款人民币 77339.5 万元，实际集资诈骗人民币 38426.5 万元，数额特别巨大。其行为不仅侵犯了他人的财产所有权，而且破坏了国家的金融管理秩序，构成集资诈骗罪。判处被告人吴英死刑，剥夺政治权利终身，并处没收其个人全部财产。

2010 年 1 月，吴英不服一审判决，提起上诉。浙江省高级人民法院于 2011 年 4 月 7 日对吴英案进行二审。2012 年 1 月 18 日下午，二审裁定驳回吴英的上诉，维持对被告人吴英的死刑判决并报最高人民法院核准。最高人民法院经复核后认为，第一审判决、第二审裁定认定被告人吴英犯集资诈骗罪的事实清楚，证据确实、充分，定性准确，审判程序合法，综合全案考虑，对吴英判处死刑，可不立即执行，并于 2012 年 4 月 20 日裁定发回浙江省高级人民法院重新审判。2012 年 5 月 21 日，浙江省高级人民法院经重新审理后认为，被告人吴英集资诈骗数额特别巨大，给受害人造成重大损失，且其行为严重破坏了国家金融管理秩序，危害特别严重，应依法惩处。但鉴于吴英归案后如实供述所犯罪行，并主动供述了其贿赂多名公务人员的事实，其中已查证属实并追究刑事责任的 3 人。综合考虑，对吴英判处死刑，缓期二年执行，剥夺政治权利终身，并处没收其个人全部财产。至此，吴英案在司法程序上尘埃落定。

在司法程序进行的过程中，因集资诈骗罪二审被裁定死刑的“吴英案”，引发了一场罕见的争论，法学家、经济学家、企业家和广大网民都参与其中。讨论的焦点对准了当前中国正势图突破、但困难重重的金融体制改革以及法院的“死刑”判决等问题。有人认为吴英是无罪的，也有人提出经济犯罪不应当判处死刑，还有人提出，吴英罪不当杀。除了实体法上的争议点，辩方还提出东阳市政府查封本色集团财产以及公安机关对资产拍卖的行为存在程序违法。如今，吴英案在司法程序上已经尘埃落定，但它必将成为中国又一个著名的案件被载入法律人的记忆，这个案件带给我们的思考仍在继续。

吴英集资诈骗案三问

陈兴良*

［醒世言］吴英集资诈骗案折射出我国社会当前存在的金融垄断问题、民间融资问题、集资的正当性问题、死刑问题等。其中，有些是法律问题，有些是金融问题，有些是社会问题。正因为案件本身的复杂性，其所引起的关注与讨论已经远远超出了刑法的范畴。

吴英集资诈骗案二审维持死刑判决以后，引起了社会公众的广泛关注，该案已经远远超出了刑法的范畴。可以说，吴英案折射出我国社会当前存在的各种问题，包括金融垄断问题、民间融资问题、集资的正当性问题、死刑问题等等。在这些问题中，有些是法律问题，有些是金融问题，有些是社会问题。正因为吴英案本身所具有的复杂性，其引起社会公众的关注是可以理解的。作为一个法律人，我想对吴英案所涉及的三个法律问题提出质疑性意见。

一、吴英的行为是否构成非法集资？

关于吴英的行为是否属于非法集资，一审判决认为："公诉机关指控的本案被害人虽然只有 11 人，但根据现有的证据，足以证实被告人吴英系通过虚假宣传、支付高额利息及所谓的高额投资回报等形式，误导社会公众，使其通过本案的 11 名被害人将款投资给吴英。而且被告人吴英明知林卫平

* 作者为北京大学法学院教授。

等人是做融资生意的，他们的资金也系非法吸存所得到。综上，吴英的行为完全符合集资诈骗罪的构成要件。”二审判决则认为：“吴英除了本人出面向社会公众集资，还委托部分不明真相的人向社会公众集资。虽原判认定的直接受害人仅为11人，但其中林卫平、杨卫陵、杨志昂、杨卫江四人的集资对象就有120多人，受害人涉及浙江省东阳、义乌、奉化、丽水、杭州等地，大量的是普通群众，且吴英也明知这些人的款项是从社会公众吸收而来。吴英显属向不特定的社会公众非法集资，有公众性。”就以上一审和二审判决的认定而言，都确认了一个基本事实，即本案的直接被害人是11人，正是这11人将巨额款项投资给了吴英。只不过二审判决强调在这11人的背后，存在大量的普通群众，由此认定吴英的集资行为具有公众性。

在目前我国刑法学界，对于非法集资的理解存在较大分歧，主要有三种观点：第一种观点认为非法集资就是非法筹集资金，因此把用于经营活动的集资借贷都认为是非法集资，而不管采取何种方法进行筹集资金。这是对非法集资的最为宽泛的理解，按照这种理解，甚至可以得出“借钱即是犯罪”的结论。第二种观点认为非法集资是对社会上不特定多数人筹集资金，至于用途则在所不问，既可以用于本人经营，也可以将筹集的资金高利转贷给他人经营。第三种观点认为非法集资是指以高利转贷为目的，向社会上不特定多数人筹集资金。这种观点对于集资的理解与第二种观点是相同的，只是在集资的目的上强调只能是高利转贷给他人经营。在非法吸收公众存款的意义上理解非法集资，第三种观点是可取的。因为非法吸收公众存款就是非法行使金融机构的储蓄职能，侵犯了国家的金融垄断权。这样的话，就可以把非法集资与民间融资区分开来。但从我国目前的司法解释规定来看，对非法集资采用的是上述第二种观点。因此，我们根据这种观点对吴英案进行分析。

在吴英这个案件中，其行为是否构成非法集资，根据判决书来看，存在以下两个问题需要讨论：

一是向11位债权人借款用于公司经营是否属于非法集资。如果借款用于公司经营属于非法集资，那就是一种直接型的非法集资。所谓直接型的非法集资是指行为人直接面对不特定的社会公众进行集资，就像银行与储户的关系一样。认定这种直接型的非法集资，主要涉及对非法集资的公众性的认定，根据案件材料，这11位债权人大多数是先前认识的，有的还有亲戚关系，他们是否属于社会上不特定的多数人，还存在值得推敲之处。

二是明知11位债权人的资金是从社会吸收来的而使用就是一种非法集资。明知11位债权人的资金是从社会吸收来的而使用，本人认为不能直接认定为非法集资，那只是对非法集资款的使用。在这种情况下，如欲构成非法集资，必须符合间接集资的要件。所谓间接型的非法集资是指存在一个集资的链条，之间存在多个层级。在这种情况下，处于这个层级最上端的行为人之所以构成集资，就在于在其下面各个层级都是在为他吸收资金，由此而形成非法集资的共犯。在吴英案中，吴英欲以明知11位债权人的资金是从社会吸收来的而使用构成非法集资，那么，这11位债权人必须是专门为吴英进行集资。换言之，是吴英指使这11位债权人为她从事集资活动，并使用集资款。如果这11位债权人本来就是做资金生意的，就相当于这11位债权人是银行，而吴英只是用款客户。那么，就不能认为吴英和这11位债权人的关系是构成共同的非法集资关系。从目前的情况来看，这11位债权人已经以非法吸收公众存款罪被判刑，而又不能认定他们和吴英存在共犯关系，则据此认定吴英的行为属于非法集资也存在一定问题。

根据以上的分析，吴英案和其他集资诈骗案存在一个重要区别，就是她不是直接面向社会公众集资，而是从这11位从事资金生意的债权人那里借款从事经营活动。在这种情况下，能否构成非法集资，就要进行具体分析，而不是简单地套用一般的集资概念。如果非法集资不能成立，即使存在诈骗也是普通诈骗罪而不构成集资诈骗罪。

二、吴英的行为是否构成诈骗？

在本案中，关于吴英的行为是否构成诈骗，争议主要集中在以下三个问题：一是关于隐瞒用途。法院判决认为，吴英在向各债权人借取资金的时候，说的是借款用于公司经营、资金周转，但事实上却用于偿还公司债务，因此吴英的行为是一种欺骗。隐瞒用途构成诈骗是指虚构资金用途，因此它和改变用途还不一样。如果仅仅是改变用途，则虽然存在诈骗，还是一种民事欺诈。在本案中，说是用于公司经营，实际用于归还公司债务，这不能构成诈骗。

二是虚假宣传。法院判决认为，吴英在借款时进行了虚假宣传。虚假宣传对于集资诈骗罪来说，也是一种诈骗手段，使公众陷于认识错误而参与集资。本案吴英的虚假宣传主要是指在其本色集团的一套宣传册中将已有计划但尚未成立的公司概况作为宣传内容放在其中，有一定的虚假成分，以及在广告牌上存在虚假。但是，认定诈骗罪不仅要看是否存在虚假宣传，而且要看虚假宣传与获得集资款之间是否存在因果关系。在吴英案中，11位债权人是否因为吴英的虚假宣传而将资金借给吴英，对于这一点应当由控方加以证明，而不是仅仅罗列一些虚假宣传材料，就认定吴英构成诈骗。

三是明知不能归还而借款。法院判决认为，吴英明知没有归还的能力仍向社会公众借款，主观上具有非法占有的目的。理由是吴英进行的投资所能够获得的收益不足以支付借款利息。本人认为，明知没有偿还能力而借款，这是一种诈骗的行为方式，而不是一个主观上是否具有非法占有目的的问题。然而，我国目前的司法解释都认为这是一个推定是否存在非法占有目的的问题，显然混淆了主观与客观的关系。在以借款方式构成的诈骗罪中，隐瞒不具有还款能力，或者虚构还款能力，使借款人陷于认识错误而借款，这将使债权人的借款处于极大的风险之中，因此，借款人可以构成诈骗罪。当然，在一个具体案件中是否具有还款能力的评估，这是一个极为复杂的问题。对于吴英案来说，最有可能构成诈骗罪或者集资诈骗罪的就是这一点。由于无从了解具体案情，因而无法对吴英是否具有还款能力做出一个正确的判断。

三、如果构成集资诈骗罪，吴英是否应该判处死刑?

吴英的行为如果不构成非法集资，那就不可能构成集资诈骗罪。如果存在诈骗行为，也只能构成普通诈骗罪，当然也就不存在死刑问题。那么，即使吴英的行为构成集资诈骗罪，是否应该适用死刑呢？这本身是一个量刑问题，也是一个刑事政策的把握问题。在考虑集资诈骗罪是否适用死刑时，存在三个需要考量的要素：一是集资的数额，二是不能归还的数额，三是是否造成群体性的事件，严重扰乱社会秩序。在以上三个考量要素中，本人认为只有第三个才能成为集资诈骗罪适用死刑的根据。在《刑法修正案（八）》考虑废除13个非暴力犯罪的死刑的时候，其他金融诈骗罪的死刑都废除了，只留下集资诈骗罪。如果从诈骗数额和损失数额来说，其他金融诈骗罪的数额也可能会达到数以亿计。之所以保留集资诈骗罪的死刑，当时的理由是集资诈骗罪是涉众型犯罪，容易引发群体性事件，从维护社会秩序考虑，没有废除其死刑。在吴英案中，她是向11位债权人借款，虽然这11位债权人背后还有120多位出资人，但并没有引发群体性事件。仅仅因为集资诈骗数额特别巨大，经济损失特别严重而适用死刑是需要慎重考虑的。这里还有必要指出，目前在经济社会中之所以大量存在非法集资现象，是和国家的金融垄断有关的。在某种意义上说，非法吸收公众存款罪名之设立就是以维护金融垄断为目的的。非法集资其实就是一种没有获得合法地位的民间金融活动或者地下金融活动，这种民间金融活动由于缺乏法律规范和法律保护，处于一种严重的无序状态，很容易引发集资诈骗等犯罪。吴英案就是在这样一种背景下发生的。这是我国金融体制的根本缺陷，但是死刑不应该成为金融管理不善的补偿，我们不能靠杀人来维护金融秩序。因此，即使吴英构成集资诈骗罪，也不应当适用死刑。

（本文系为2012年2月27日晚北京大学法学院主办的“当代刑法实务论坛”系列活动第一场——“非法集资与金融监管：吴英案聚焦”活动而准备，并在论坛上作了发言。因此，本文是根据最高人民法院对吴英案未核准死刑之前的材料而写，特此说明。）

刑事法官如何把"账"算清楚

周光权 *

【喻世言】法官在"算账"时清醒一些，把"账目"整理得清楚一些，对于防止司法权成为脱缰的野马，依法保障被告人的财产权，确保定罪理性准确至关重要。如果再拔得高一点：法官的账算不算得清楚，事关被告人的身家性命和宪法性权利。

在吴英案审理过程中，很多法律和法理问题凸显出来。本文讨论的核心问题是：法官在处理经济犯罪、财产犯罪和有犯罪数额可以计算的渎职型犯罪中，究竟应该如何算"账"结论才是公允的，才不是算的"糊涂账"，才不是"算盘只往里面拨"？

一、算账的基准是什么？

对于吴英案，既然是以集资诈骗罪定罪，被害人的确定就是一个要首先搞清楚的问题。如果某人给吴英交钱的时候，深知吴英的某些项目虚假，也能够通过特殊渠道接触吴英公司的管理人员，对公司前景堪忧有所警觉，但仍为谋取200%的利润甘冒风险，司法上一定要说这个出资人是被吴英诈骗了，不是自欺欺人，就是多多少少有些不讲道理。所以，对那种并未陷入错误，但愿意交付财物的，似乎不能再作为被害人看待，其交付的财物也不是被诈骗之物，不能计算在行为人的犯罪数额里。

这并不意味着在集资诈骗罪中没有被害人，而仅是说可能某些出资人

* 作者为清华大学法学院教授。

不是被害人。至少说，那些在被告人案发后仍然声称没有被骗，自愿“自担风险”的人，司法机关不宜再将其作为被害人。如果此时还将其作为被害人，司法机关的心实在是“操得太多”了！在吴英案中，应该就有这样的情形。不分情况，将所有的出资人都作为被害人，算账的基准可能就有问题。

二、涉案财产处置不当的“账”算到谁的头上？

对于涉案财产，究竟如何处置才既符合程序，又能不损害被告人的利益？在当前的司法实务中，这个问题一直没有得到很好的解决。按照有关司法解释的规定，对于查封、扣押的赃款、赃物，应当随案移送。对依法不移送的，人民法院作出的判决生效后，由原审的人民法院通知查封、扣押机关上缴国库，同时将通知及判决书送达有关财政机关。如果财物容易腐烂或不能保存，需要在审判前处置的，也需要经过特别严格的法律程序才能进行。

以此作为标尺，在吴英案中，有关机关对涉案财产的处置，或许有值得检讨之处：（1）地方政府有无权力处置涉案财产？吴英案重审后，浙江省高级人民法院新闻发言人表示：吴英案发生后，公安机关即对吴英的资产进行了查封登记。据法院从公安机关了解的情况，“当地政府”成立了吴英案资产处置组，负责资产处置工作。问题在于：吴英案已经进入司法程序，地方政府强力介入，并绝对主导去处置刑事案件犯罪嫌疑人、被告人的财产，法律依据何在？出错的几率如何防止？被告方不服向谁控告？处置错误谁承担责任？错案追究的板子是打在司法机关身上，还是打在地方政府身上？同时，如果地方个别官员与该案有纠缠不清的利益，被告人的处境就可能“雪上加霜”。（2）在法院审判前，处置被告人财产的程序要求是什么？例如，被告方主张的财产价值很高，而有关部门委托的鉴定机构估价很低，能否允许其他机构再鉴定、估价？如果不允许，是否合适？在吴英案中，辩护人对东阳公安机关查封和冻结吴英个人以及公司财产的方法提出异议：资产估价认定明显低于市场价格几倍，比如价值 30 多万元的洗车机，旧的被认定为 1 万，新的也仅被认定为 7 万。吴英的辩护律师对东阳价格认证中心所做的鉴定书提出质疑并要求重新鉴定，但遭到拒绝。另外，审判前的财产处置程序如何公开？辩护人提出，吴英用5000万元装修的本色概念酒店，试营业不过才2个月，最后以450万被低价拍卖，这个拍卖过程是“封闭拍卖”，缺乏公平和透明度。对这些问题，迄今为止，都没有得到很好的回应。

因此，对于审判前处置被告人财产的案件，法官在“算账”时一定要睁大眼睛。对于程序早、估价低、程序不公开、不透明的财产处置，应该允许被告方申辩，如果实物还存在的，甚至可以考虑聘请第三方重新估价，以准确评估被告方的财产，并用其财产弥补被害人的损失。对于涉案财产处置不当的案件，尽量不要把账算到被告人头上。

在这里，特别要提到：对原本就不应该查封、扣押、处置的财产，侦查机关违法采取相关措施的，法官在对案件作出判决时，一定要纠正违法的查封、扣押、处置行为。例如，被告公司虚开增值税专用发票，抵扣税款50万元，侦查机关就将该公司查封，并拍卖公司价值数亿的土地、厂房，此财产处置行为明显违反“比例原则”，应该予以纠正。再如，被告人租用某饭店的一层楼从事洗浴行业，并附带组织卖淫活动，侦查机关将整个饭店长时期查封，也是不合法的。法官在“算账”时，对类似违法司法行为（在某些“打黑”活动中尤其突出）如果仍然是睁一只眼闭一只眼，天下就真的没有什么公理可讲了！所以，法官在算账时，也应该程序和实体并重，不能只看结果，只看最终的数字；而不看过程，不看“流水账”。

三、“算账”时，要不要考虑审判时的经济、社会环境？

某些案件在案发时，因为宏观经济环境不景气，被告人“资不抵债”，有关机关对其财产进行评估时，该财产价值相对低廉。但是，当案件进入审判程序后，经济、社会环境发生变化，有关机关查封、扣押的被告人财产如果在市场上交易，其价值大幅度升高，此时，法官似乎有义务将该财产再行委托有关机关鉴定、估价，充分考虑其增值部分。例如，某被告人用集资诈骗款购买房屋后案发，涉案房屋被查封，在房地产低迷时，对该房屋的估价一定会比较低。但是，在审判阶段，房产价格猛涨，这时对被告人的财产价值就有必要重新评估。如果仍然固守侦查阶段经济不景气时的估价，法官算出来的账可能就是算盘珠子往里拨，怎么都对被告人不利。

如此说来，法官要想把账算清楚，考虑审判时的经济、社会环境也是必不可少的功课，这样对刑法和刑事政策的掌握才可能万无一失。李斯特所讲的“最好的社会政策就是最好的刑事政策”，是不是也含有这样的意思？

四、如何计算被告人“挥霍”的账？

如何判断被告人是否挥霍及其数额大小，也不是一件容易的事情。实践中，的确存在认定挥霍扩大化的问题。例如，法院认定被告人诈骗他人财物用于自己的房地产开发项目，同时购买5辆高档汽车放到自己名下（而不是公司名下），据此，确定被告人购车是为了讲排场，因而是挥霍骗取的财物。但是，被告人辩解，购买汽车挂在自己名下，是因为公司管理不规范，但该汽车是公司开展业务或者接待时的用车，不是个人车辆，也不是个人挥霍。被告人的辩解不是没有一点道理。如果查明该汽车确实用于公司经营活动，对财产挥霍的认定或许需要重新考虑。类似的情况是：被告人认为房地产、字画、珠宝有升值潜力，用犯罪所得大量购买这些物品，但在日常生活中并不使用、享用这些物品的（实践中，往往在案发时或者审判时这些财物的价值有所升高），属于投资行为，可能也不宜认定为挥霍。这些情形实际上和犯罪后将所取得的财物存入银行赚取利息的性质一样，是一种经营行为。而在关于挪用公款罪的司法实务中，就明确将挪用公款存入银行的行为认定为从事“营利活动”，而不会认为是挥霍（如果认定为挪用公款挥霍，定罪标准马上就会改变）。在吴英案的认定中，是否也有类似情况，值得司法机关认真回头总结。

五、通过算账，以结果反推非法占有目的是否合适？

实践中，有很多犯罪（如集资诈骗罪、非法吸收公众存款罪、贪污罪、挪用公款罪等），只要出资人的本金及收益有保证、被害人的“亏空”能及时弥补，通常不会案发，正所谓“一肥遮百丑”。但是，另外的一极是：一旦被告人还不起钱，法官就可能反推其具有非法占有目的，从而可能将非法吸收公众存款罪认定为集资诈骗罪，将挪用公款认定为贪污罪。此时，法官成为简单的算账机器：凡是有大"窟窿"补不上的，就是不法取得所有权的犯罪，行为人就有非法占有目的，轻罪立马升格为重罪。这是典型的客观归罪。

也正是因为实践中存在法官机械地"算总账"，不认真核查非法占有目的是否存在的问题，最高人民法院才在各种司法解释和规范性文件中不厌其烦地提出对非法占有目的的判断标准。例如，2001 年 1 月 21 日最高人民法院《全国法院审理金融犯罪案件工作座谈会纪要》明确提出：集资诈骗罪和欺诈发行股票、债券罪、非法吸收公众存款罪在客观上均表现为向社会公众非法募集资金。区别的关键在于行为人是否具有非法占有的目的。对于以非法占有为目的而非法集资，或者在非法集资过程中产生了非法占有他人资金的故意，均构成集资诈骗罪。但是，在处理具体案件时要注意以下两点：一是不能仅凭较大数额的非法集资款不能返还的结果，推定行为人具有非法占有的目的；二是行为人将大部分资金用于投资或生产经营活动，而将少量资金用于个人消费或挥霍的，不应仅以此便认定具有非法占有的目的。此后，在 2010 年 12 月 13 日，最高人民法院发布《关于审理非法集资刑事案件具体应用法律若干问题的解释》，其中第 4 条规定，使用诈骗方法非法集资，具有集资后不用于生产经营活动或者用于生产经营活动与筹集资金规模明显不成比例，致使集资款不能返还的，肆意挥霍集资款，致使集资款不能返还的，携带集资款逃匿等情形之一的，可以认定为"以非法占有为目的"。实际案件中，以非法占有为目的应当区分情形进行具体认定。行为人部分非法集资行为具有非法占有目的的，对该部分非法集资行为以集资诈骗罪定罪处罚；非法集资共同犯罪中部分行为人具有非法占有目的，对该部分具有非法占有目的的行为人以集资诈骗罪定罪处罚。

当然，法官如何把账算清楚，除了上述这些问题，还有很多很多。要法官在"算账"时清醒一些，把"账目"整理得清楚一些，对于防止司法权成为脱缰的野马，切实依法保障被告人的财产权，确保定罪理性准确，至关重要。如果再拔得高一点：法官的账算不算得清楚，事关被告人的身家性命和宪法性权利。这样说来，在很多刑事案件的处理上，如何算账真是来不得半点马虎。

吴英案与集资诈骗罪、非法吸收公众存款罪的存与废

刘明祥*

【警世言】毋庸讳言，在一国之内，某种法定犯也可能会随着国家形势的发展变化、法制状况的改变而被取消。就非法吸收公众存款罪而言，今后确实有可能被废除。但是，在国家金融政策没有巨大改变的条件下，这一犯罪是难以被废除的。

深受媒体关注的吴英案发生后，有不少人士认为，在实行市场经济的现代社会，集资行为只要不是强迫进行的，就是一种契约自由的合法行为，集资款归还不了，那也只是一种债务纠纷，不存在构成犯罪的问题。刑法规定非法吸收公众存款罪和集资诈骗罪，与市场经济的基本理念相冲突，因此，应当立即废除这两种犯罪。但是，在笔者看来，这种观点并不可取。

首先，应当看到市场经济是法制经济，任何人都只能在法律允许的范围内从事经济活动，不能做法律不允许的事。国家对关系国计民生的经济活动，在一定时期予以严格控制也是无可非议的。就金融业务而言，我国目前实行国家垄断，原则上不允许民营，这是与我国现行的经济体制相一致的，我们能有效应对近年来的全球金融危机，与我们采取的国家垄断金融的政策有密切关系。至于说今后有必要逐步放开，允许民营，甚至实行彻底的自由经营，那是未来的事。在我们的市场经济还不够成熟和发达的现阶段，国家实行严格的金融管控，法律不允许私自从事吸收公众存款的金融活动无疑是恰当的。

我们不应该忘记上世纪八十年代中期温州地区发生的"抬会"事件。

* 作者为中国人民大学法学院教授。

当时一些地下钱庄非法吸收公众存款放高利贷，当地人称之为“抬会”。由于一般民众缺乏金融安全意识，经不住高额利息的诱惑，就将全部积蓄甚至养命钱都存入地下钱庄参与“抬会”。据统计，有三十余万民众卷入其中，涉及金额超过十亿元。后来，由于资金链突然断裂，各地相继传出会主潜逃的消息，抬会体系瞬间雪崩。短短三个月中，温州全市就有六十多人自杀，二百余人潜逃，近千人被非法关押，八万多户家庭破产。这一惨痛的教训表明，非法吸收公众存款的社会危害性不能低估。正因为如此，全国人大常委会于1995年6月颁布的《关于惩治破坏金融秩序犯罪的决定》中，增设了非法吸收公众存款罪。1997年修订的现行刑法也将这一犯罪纳入其中。实践证明，最高立法机关在刑事法律中增设和保留非法吸收公众存款罪是非常必要的。

从刑法理论而言，非法吸收公众存款罪是一种法定犯。法定犯与自然犯有所不同，自然犯是自古就有的并且明显违反传统道德观念的犯罪，而法定犯则并不违反传统的道德观念，只是由于法律的规定才使之成为犯罪。在现代社会，由于影响社会安宁、危及生活安全的危险因素大量增加，法律禁止的行为也越来越多，法定犯增多也就成为大势所趋。此外，在不同的国家，法定犯的设置会有较大差异，在此国合法的行为，在彼国却被视为违法犯罪，这并非罕见。因此，我国刑法禁止的非法吸收公众存款行为，在其他国家视为合法，这并不值得惊讶，更不能以此作为我国应当废除非法吸收公众存款罪的理由。当然，毋庸讳言，在一国之内，某种法定犯也可能会随着国家形势的发展变化、法制状况的改变而被取消。就非法吸收公众存款罪而言，今后确实有可能被废除。但是，在国家金融政策没有巨大改变的条件下，这一犯罪是难以被废除的。

众所周知，诈骗罪是一种传统的犯罪，采取欺诈手段骗财，自古以来就为公众所痛恨，当然是一种自然犯。集资诈骗罪由于是诈骗罪的特殊类型，具备诈骗罪的本质，无疑也是自然犯。同古代的诈骗罪不同的是，集资诈骗是商品经济发展到一定阶段后产生的，它的危害性比非法吸收公众存款罪有过之而无不及。从过去温州等地发生的一些“抬会”案件来看，有相当一部分是以“抬会”之名行集资诈骗之实，因而导致资金链断裂，造成了严重的危害后果。还有发生在全国各地的许多案件，则是以集资办实业的名义，诱骗大量普通民众“投资”，导致许多人血本无归，因而引发了群体性事件。正因为如此，全国人大常委会才在《关于惩治破坏金融秩序犯罪的决定》中，增设了集资诈骗罪，并规定了比普通诈骗罪更重的法定刑。1997 年修订的刑法将其纳入其中，也就成为情理之中的事。

问题是在改革开放三十年后的今天，在江浙等经济比较发达的地区，参与非法集资的出资人已不再是过去没有多少钱的普通民众，而是有大量资金的富人。就吴英案而言，11 名“借”钱给吴英的“被害人”实际上是职业高利贷放贷者，他们的钱又大多是以支付高利息为代价向有钱的老板们募集来的，直接出资者大多出资几百万、甚至几千万，因此“非法集资”数额虽然很大，但直接出资者（直接受害人）并不算太多。他们被骗成为损失惨重的受害人，固然值得同情，他们的财产权益自然也应受刑法保护，但同某一地区大量普通民众毕生积蓄的养命钱被骗的情形相比，似乎情节轻一些，危害性程度明显低一些。这也是许多业内人士均认为，吴英虽有罪但罪不至死的一个重要原因所在。

还应当看到，我国集资诈骗罪的设立虽然不到二十年，但现实生活中发生的集资诈骗案件情况却发生了较大的变化，并且国家严格控制死刑的政策也在立法和司法上得到了进一步的落实。目前，取消集资诈骗罪死刑的呼声很高，可以预料，在不久的将来，这一目标有可能实现。如果取消了此罪的死刑，此罪是否还有保留的必要？当初设立集资诈骗罪的一个重要原因是要严惩这种犯罪，对其中诈骗数额特别巨大，情节特别恶劣的，有必要适用死刑，而普通诈骗罪没有死刑，并且也不必要判死刑，因而增设此罪以适应同这类犯罪作斗争的需要。如果取消了此罪的死刑，保留此罪的必要性就大打折扣了。况且，在普通诈骗罪之外单独设立集资诈骗罪等特殊诈骗罪，会出现一案之中行为人采取不同欺诈手段骗取财物，却要定不同的罪名并实行数罪并罚的情况，这无疑会增添司法工作的难度，不便于司法。如果取消了集资诈骗罪等特殊诈骗罪，对采用各种欺诈手段骗取公私财物的案件，按诈骗一罪定罪处罚，无疑是一种比较好的选择。

民主是分层次的
——关于民主的三点认识

刘作翔 *

关于民主，有很多问题需要讨论。本文作者想就“民主与法治的关系”和“民主是分层次的”以及“民主集中制”三个问题谈点个人认识：

一、关于民主与法治的关系

几年前，有位领导同志在一次关于民主问题的小型讨论会上提出了一个问题：我们国家既然可以提出一个“建设社会主义法治国家”的命题，为什么不可以提出一个“建设社会主义民主国家”的命题？这是一个很有意思也很具挑战性的学术问题，直到今天仍是一个需要我们认真思考的问题。这个问题其实涉及民主与法治的深层关系。

按照我对“法治国家”的理解，“法治国家”这一命题应该是包括民主在内的。“法治国家”一定是民主的国家，如果没有民主，就不是法治国家。但也会有人认为，“民主国家”也包括法治，没有法治，就不可能是民主国家。但这需要论证，在历史实践中，也存在过没有法治的民主，比如“原始民主”。

但在中国这样一个被邓小平同志总结过的缺少民主法治传统的国家，旗帜鲜明地提出“民主”的命题是非常必要的。而在实际操作上，作为执政党的中国共产党虽没有提出“建设社会主义民主国家”的命题，但却提出过“建设社会主义民主政治”的命题。并且，在国家根本大法，即1982年宪法的序言中，明确地提出了“把我国建设成为高度文明、高度民主的社会主义国家”的建设目标。这一现代化国家建设目标在1993年被宪法修

* 作者为中国社会科学院法学研究所研究员。

正案修改为“把我国建设成为富强、民主、文明的社会主义国家”。这三大目标即富强、民主、文明是一个整体，而且相互照应。但为分析我们的主题之便，我们可以用拆解法，将三大目标分解为“把我国建设成为富强的社会主义国家”、“把我国建设成为民主的社会主义国家”、“把我国建设成为文明的社会主义国家”。

因此，不论是1982年宪法提出的“把我国建设成为高度文明、高度民主的社会主义国家”，还是1993年宪法修正案提出的“把我国建设成为富强、民主、文明的社会主义国家”，在国家建设目标上，都有“民主”的目标内容，而且这一目标早于1999年宪法修正案加入的“建设社会主义法治国家”的命题。因此，可以认为，民主是我国宪法所确认的国家建设目标之一，只不过没有明确地表达为“建设社会主义民主国家”。原因之故，就在于我前面所说的，从民主与法治的深层关系分析，“法治国家”的目标和命题应该是包括民主在内的。

二、民主是分层次的

当今世界对民主的研究，已经越来越注意到民主的层次性。民主是分层次的。有国体意义上的民主（即国家代表谁），也有政体意义上的民主（即国家政权组织形式）；民主有其本质的内涵（即多数人统治或人民当家做主），也有其达成本质之手段的内涵（即通过何种方式实现多数人统治或人民当家做主）。在实现人民当家做主方面，必须通过民主的方式。但在一些具体的社会管理问题上，有时候采用行政负责制或首长负责制比采用民主的方式可能更有效率些。最近在报纸上看到一个观点，说即使一个错误的决策，如果是通过民主的方式作出的，执行起来也要比不通过民主的方式顺利得多、阻力小得多。这一观点我不能苟同。这一观点只看到了决策执行的有效性和顺畅性，而没有注意到这种错误的决策执行得越是有效和顺畅，对社会造成的危害会越大，对人民的权益带来的损害也会越大。针对不同的问题，须采用不同的办法。

中国现在面临的问题是：一方面，中国民主的发展程度不高，亟待改善和提高；另一方面，中国现在有无泛民主或滥用民主的问题，需要思考。

现在提出决策的科学化、民主化、法治化问题，这固然是我们长期以来做得不够需大力强化的方面，但我们也要注意到，民主化只能是采用程序化的方式解决多数人同意的问题，但经过民主化的方式不一定必然导致科学化（这还不包括那些借民主之名而行反民主之实的事件和行为）。比如有些科学问题、学术问题、技术性问题、专业化程度较高的问题等，还得遵循科学规律和学术规律，而不是多数人说了算。但我们不能用反命题而退向专制化，说民主解决不了科学化，是否专制就可以解决科学化，这样的提问本身是归谬的。民主不能解决真理问题，即民主不一定会导致正确决定，民主只能保证多数人意志的形成，仅此而已，这也是民主的主要价值所在。这是我们经过多年的思考得出的一个很重要的认识。将这一认识运用到法治或司法领域，比如司法审判中，现在越演越烈的民意问题，本身就是一个值得反思的问题。

三、对“民主集中制”的反思

在民主问题上还有一个长期困扰我们的问题，就是“民主集中制”的命题。对“民主集中制”的权威解释是毛泽东同志的解释：“民主基础上的集中，集中指导下的民主”。在此基础上还衍生出“民主与集中的关系”命题。

按照我对民主的认识，民主就是一个多数人意见的形成过程和形成结果。于是，民主本身就包含着意见的形成结果，即通过民主的方式所产生的一个自然结果和结论。在此之外，不应该再有一个在民主之外所形成的结果或结论，即不应该再有一个在民主之外的集中的过程。一切结论或结果都应该包含在民主之内，产生于民主的程序之中，民主本身就蕴含着结果或结论的产生。如果将“民主集中制”建立在以上理解的基础上，那应该符合民主的内涵；如果将“民主集中制”理解成民主之外的一个机制或手段或结论，那与民主的内涵是不符的。而在实践中，我们常常将“集中”作为一种与民主并列的或民主之外的机制和手段，甚至变成了超越民主的一种机制和手段。这样一来，集中有可能变成一种“集中者”意志的体现，变成了一种推行首长意志、领导意志的人治的手段和工具，而置民主于一旁不顾，这是与民主南辕北辙的，离民主的本意会越来越远，是反民主的。

最近看到于光远同志的一个回忆资料：十一届三中全会召开（1978 年 12 月 18 日）之前的 1978 年 12 月 2 日，时任中央组织部的胡耀邦同志带领着于光远等人来到邓小平同志家中，讨论邓小平将于 12 月 13 日在中央工作会议上要做的《解放思想，实事求是，团结一致向前看》的报告内容。邓小平拿出他亲拟的提纲，并提出了整体框架和思路。邓小平一共讲了三个问题，其中第二个问题是发扬民主、加强法制。“他说，现在这个时候更要加强民主，集中那么多年，现在是民主不够，大家不敢讲，心有余悸。”（见《北京日报》2011 年 6 月 21 日董少东文章）从这个讲话可以看出，邓小平同志是将民主与集中区别对待的。

因此，我们应该对“民主集中制”进行反思，正确界定它的内涵，使它回归民主的内涵和本质。

律师文化与国家治理

王 丽*

接到何家弘先生电话，邀我再次到《法学家茶座》聊聊律师文化。回想当年茶座新张，高朋满座，思潮涌动，四面八方，只一杯新绿便陶醉了。有了二十年的律师经历，再来茶座与新朋老友品茶论道，别有一番香酽滋味。

做律师的人，总会受到拷问：律师有什么？懂法律，能说会写，会干能赢。律师没什么？没公道，没文化，没德行。律师既是兴师问罪的标靶，又是排忧解难的军师，既是生财有道的顾问，还是保家救命的恩人。二十年来，在不断的质疑中，一批信誉好、能力强、贡献大的优秀律所和律师涌现出来。律师被认为是新的社会组织，她的职业定位、存在价值、服务社会和对民主法治建设的贡献日益凸显。在中国进入社会发展转型期中，我们感受到，对律师文化的探索标志着律师队伍日益成熟，律师服务民生的作用日益增长，律师对于社会管理和国家治理将会做出更为重要的贡献。

回想1996年初，德恒律师事务所举办“走有中国特色的律师之路”研讨会，探索律师的理念价值与职业定位。1997年，我开始做“律师刑事责任比较研究”，把律师职业理念架构作为其职业责任基础。十年前，我向时任全国律协秘书长的贾午光递交一份“关于建立全国律协伦理委员会”的建议报告，之后又发表过几篇律师文化方面的文章。2009年在全国律协战略委员会，执笔完成了“中国律师文化建设纲要”(草案)。日前，全国律协成立文化建设委员会，邀我做副主任再接再厉继续研究。我深以为，做律师不能不研究律师，不能不研究法治，不能不研究社会，不能不研究文化，也不能不研究政治——也就是从技术角度来研究的国家治理。

---

* 作者为德恒律师事务所主任。

律师文化是什么？既入茶座，且借茶道，观，品，悟。一观中国律师文化基因，二品律师文化之道，三悟律师文化对国家治理之用。

一观，中国律师文化基因

基因是遗传学的要义，探寻中国律师文化就要去探寻它的族亲——法治文化。法治与政治从来相关，政治与社会与国家一脉相承。上溯中国数千年的政治历史文化，就会发现律师文化与法治文化一样，基因严重先天不足。

文化是文明的积淀，是历史的传承，是现实的记载，是思想的行动，是价值的外化。从考查律师的角度去考查中国的法治文化，先要从一个社会视角——律师之眼去观察她的自身，再去观察她所处在的关系，以紧密度作为半径，层层剥开，观察她的存在的空间构成和时间演进。就中国而言，五千年的文明是文化的巨大历史培养基，但是因缺乏法律之种，难得长成法治之株，更难开出法治文化之花。中国法律人包括律师、法官、检察官等等，能够在较短时间、较薄弱环境条件下迅速成长起来，也是独具中国特色的。

通观西方文明，基于商品交换之上的民权理念与法治传统源远流长，尽管经历过文明长河中的中世纪黑暗。东方尤以中国皇权、王法和人身依附关系为代表的漫长封建社会，民众没有对自已独立人格和自主自由人权的认识，期盼的还是王法、青天、佛祖、来世。回顾百年以来，辛亥革命推翻帝制创建共和，经历军阀混战，中国国民党和中国共产党北伐战争，土地革命，国共合作，抗日战争，解放战争，建立新中国。历经三大改造、整风“反右”和“文化大革命”等对社会主义的探索，时间来到2012年，中国宣告社会主义法律体系基本建成。把毛泽东 “敢上九天揽月，敢下五洋捉鳖” 的辉煌诗句变成了现实。神九载人航天飞行器与天宫一号交汇对接成功返回，蛟龙号潜水器在马里亚纳海沟下潜逾7000米。相对数千年中华文化的雄厚积淀，相对于中国物质文明的发展，法治文化建设还有较大发展空间。

律师，在中国萌芽也有百年。在英国学习法律取得律师资格的伍廷芳1877年在香港执业，1902年与沈家本任清廷法律修订大臣，首提陪审团和辩护制度。1912年，中国第一个《律师暂行章程》出现，陈泽民、钱谦等

32 名本土律师诞生（傅国涌编：《追寻律师的传统》）。章士钊、张耀曾、沈钧儒、王造时、刘崇佑等均为律师。著名“七君子”有四位律师，张耀曾、江庸、汪有龄等组成强大的律师团，为“七君子”奔走辩护。著名劳工律师施洋领导了京汉铁路工人大罢工，被反动军阀杀害。在军阀当道和蒋介石政权统治下，律师难以对抗专制和军阀政治，名存实不至。

伍廷芳（1842～1922），清末民初杰出的外交家、法学家。他是中国第一位法学博士、第一位律师。

1949 年共和国建立之初，旧社会政权的法律体系和律师制度被荡涤。从旧司法制度转换到新司法制度，以 1954 年宪法出台标志着新中国法律体系的诞生。法律院校的建立，法学教育的恢复，培养出新中国的第一代律师，如李国机、秦国光、钟慧华、张思之、陈光中等。经过整风反右和“文革”，律师从业者人数几乎归零。1977 年恢复高考，真正意义上的法学教育开始复兴。1979 年《律师执业暂行条例》颁行，律师基本制度开始复建。邓小平南巡后，1993 年司法行政机关开始放开律师改革步伐，批准创建合伙制律师事务所。1997 年《律师法》颁布实施，后经不断修改完善。经过三十年的发展，今天中国大概有律所两万，律师二十万。律师是中国特色社会主义法律工作者的定位确立后，已经成为中国司法体系中不可或缺的社会服务力量。然而，从律师素质、律所管理和职业道德等方面看，中国律师文化基因的先天不足是显而易见的。

二品，律师文化之道

律师文化从哲学层面看是对律师“本体论”的研究，是对律师“我是谁”“我从哪里来”“我到哪里去”命题的价值判断、道德拷问和实践探索。主要包含三层内容：一是在精神层面上的律师理念和价值体系；二是在制度层面上的律师职业操守与规范；三是在行为层面上的律师修为和律所运行。律师文化建设是更为广泛而深刻的律师精神文明建设。

律师的理念是律师文化的基础和核心，它决定并反映着律师的价值取向、伦理道德和前进方向；律师的职业规范是其理念外化经过某种法律程序所形成的律师的行为准则，具有职业法定标准和行业自律的行为约束力；律师的职业修养是律师个人职业素质的综合反映，律师机构的品牌和诚信则是律师社会公信力的集中体现。一个优秀的律师不仅要具有专业知识，还要有深刻的社会良知、突出的职业能力、高尚的情操、良好的个人修养与人格魅力。一个优秀的律师事务所不论规模大小、挣钱多少，它最为社会所接受的是它的品牌及其赖以存在的诚信、专业和尽职尽责的服务。

律师的理念是律师的宗旨和动力之源，来自于法律本身的性质和社会对他的特殊寄望。律师的理念构成律师价值体系的内涵，其外延则是律师理念外化所形成的律师法律制度、行为规范以及个体职业素养。中国律师的理念含有诸多中国特有的并得到世界文化普遍认同的内容，如“中庸之道”“己所不欲，勿施于人”“以其人之道还治其人之身”。当然也有与西方文化不同的内容，如中国文化倡导“毫不利己，专门利人”的奉献说，西方文化则维护“人不为己，天诛地灭”的权利说。两者的价值观念不同，行为取向也不同。

中国律师理念的核心内容应当是：“忠于法律、诚信服务、勤勉尽责、维护权利、和谐社会”，简称为“忠诚勤维和”。

“忠于法律”的核心理念包括：（1）遵从法律，法律至上的理念。（2）发现事实，探求真相的理念。（3）寻求公正，追求成功的理念。

“诚信服务”的核心理念包括：（1）客户至上的理念。为当事人保密，以当事人的利益优先。（2）独立于当事人的理念。律师与客户交往行为要正当且有分寸，不能越过代理权限，也不能无限制地满足当事人的无理要求，更不要过度热情而为当事人作伪证。（3）真诚服务，善待他人的理念。

“勤勉尽责”的核心理念包括：（1）严格规范，勤勉尽责的理念。（2）优质高效，认真负责，全力服务的理念。

“维护权利”的核心理念包括：（1）依法维权，捍卫权利的理念。（2）不屈权势，不媚恶俗的理念。

“和谐社会”的核心理念包括：（1）促进法治，平衡选择的理念。（2）公平竞争，平等合作的理念。（3）和谐共赢，服务社会的理念。

律师文化充满活力，充满价值冲突。律师文化价值由多元范畴支撑，并且在这些范畴的冲突与选择中得以实现。这些范畴包括：道德与法律、公平与效率、秩序与权利、使命与责任、公益与功利、价值与义务、权利与道义冲突等。价值体系是道德领域的裁判规则。其裁判结果则是律师在或强或弱的价值冲突里所做的自我价值选择。价值体系的判断没有标准答案，却有仁者见仁、智者见智的功效。

面对诸多价值冲突和道德难题，面对“一个穷人为自己瞎母不被饿死而打破面包店橱窗，偷一块面包给母亲吃”的法律与道德判断，律师要从法律价值高度和职业价值深度做出判断与选择。支持这种判断与选择的正是律师文化价值体系。

三悟，律师文化对国家治理之用

国家治理是国家代表人民意志，通过立法、司法、行政和社会管理，使人民实现民主权利，政治进步，经济发展，环境友好，社会公平，秩序安定，国防安全，外交有利，持续发展。

律师的专业服务特性决定了她与国家治理有着天然的关系。律师与客户委托关系一经建立，就产生出为什么人，做什么事，发现什么问题，解决什么矛盾，达到什么目的，取得什么效果等一系列的后续效应。律师代表委托人所处理的事项，所采取的行动，多少都会与国家的法律、政策、权力、行为等方面发生关系和关联。甚至，律师还要直接为国家权力部门提供专业的服务。律师对国家治理的作用广泛而深入，具体表现在以下几个方面：

第一，律师只要接受委托，可以为任何人提供服务。这里的人包括自然人和法人，后者可以是企业法人和非企业法人——国家机关、事业单位和社会团体法人。在担任政府、社团等法律顾问时，可以直接对它们的政策法规以及行政行为提出意见建议，帮助他们判断、决策，对相关人员进行解释、说明，实施诉讼代理、辩护，提起相关法律行动等等。可以说，凡有权利和利益之争，都会有律师介入。

第二，律师处在社会的最基层，与全社会成员有天然融合性。律师了解社会各个阶层、各个职业和各种利益诉求的人群，如农民、工人、小业主、农民工、白领甚至官员、科学家们的情况。懂得他们的语言、心态、生存状态、现实需求和实际承受力。对他们提出的具体的法律诉求，能够帮助决策和管理部门做出基本的法律判断和法律救济方案，并能够有效地付诸实施。

第三，律师深谙法人治理之道。一些律师为国有和私有及外商投资公司企业办理注册、运营、投资、融资、发行股票，挂牌上市，收购兼并、破产重整、清理债权债务，清算分配等等法律事务。律师担任公司常年法律顾问、专项法律顾问、独立董事等职务，参与公司重大投资、公司治理以及薪酬、风险控制等重大决策，具有丰富的制度设计、体系架构和管理运行实务经验以及高超的沟通、解决问题的能力。

第四，律师了解依法行政的重点和难点。一些律师担任国家部委和地方政府的法律顾问，参与中央与省地各级政府部门的一些重大决策、招投标、行政复议，接待信访、法律咨询、法律培训，重大案件和群体性、突发性事件的防治，地方性立法，街道和社区法律咨询，纠纷调解以及基层政权的执政能力建设，具有职业敏感度、实务经验与操作能力。

第五，律师了解法律共同体的运行与治理。众多律师长期与公安、检察、法院的人员打交道，最了解司法部门的办案执法情况。对司法人员的能力、水平、廉洁、公正、依法办案情况了然于胸。律师参与相关司法机构的专业对口交流、监督、挂职，对防治司法腐败会更行之有效。

第六，律师了解国际法律动态与风险取向。涉外律师服务的对象不受国籍限制，更为了解国外的一些法律规范、国际惯例，能够及时察觉并提出“走出去、请进来”投资招商法律风险及防范措施。对于跨国投资、知识产权、行业布局、资源利用、贸易壁垒、国别风险、国家安全、法律陷阱、国际战略、他人教训等了解更清楚，谈判能力强，解决办法更多，为国家的国际战略发展等国策能做出更大贡献。

第七，律师广泛服务于国家治理实施部门。律师以独立法律顾问身份，能够为国家治理在信息公开，规范运作，资源配置，策略应对，制度设计，体系运行，依法行政，合规审查，廉政监察，群众工作等方面做有力帮手。如果司法部门包括法院、检察院，行政机关包括公安、海关、税务、环保、投资、商务、工商行政、知识产权、国土资源、海洋、外交（使领馆）、空天、航运、港监、财政、规划、能源、水利、国资、社区等国家治理与社会管理机构都能有资深的专业内、外部律师担任法律顾问、咨询专家、监察委员等，并且保障他们能够发挥职能作用，整个社会公共管理部门的依法行政水平会有显著提高。

第八，律师发现和解决问题的经验丰富能力强。部分精英律师熟知宪法、法律，对政策、策略、社会、民众等方面有深入了解，在处理具体法律问题时有丰富经验，懂政治，懂社会，应当在立法、司法、监督检察，参政议政方面做出更大贡献。目前，中国已有部分律师参加各级人大、政协参政议政。但一是人少，二是律师难以参与司法和行政部门的运作，作用有限。

谈到国家治理也要借鉴一些不同制度下的中国的区域经验，如香港、澳门甚至台湾地区，都是在中国的文化传统下的实施不同政治制度和法律制度下的政治与社会治理。不久前，统战部组织我们去香港考察社会管理创新，接待我们的香港专业人士无不对测量师梁振英当选为特首津津乐道。香港“发三师”原指骑师、律师、医师，后以会计师取代骑师，建筑师、评估师、牙医等亦列入专业人士范畴。香港专业协进会会长雷添良介绍说，香港在政界包括行政会议、立法会中有三分之一的人士有专业背景，港区36位全国人大代表四分之一有专业背景。在香港未来的政治制度中，专业人士等功能界别的作用将会在顶层设计中得到重视。专业人士在政治生活与社会治理中将发挥越来越大的作用。

律师参与国家治理、服务社会是他的基本公民义务和职业责任。律师文化建设应当向全体律师传达这样的信号，培塑这样的理念，使律师的社会公益之心不仅体现在捐款做慈善事业，也要积极参与国家治理，为公众服务，为社会奉献，为社会主义的民主法治建设作出应有的贡献。

宪政、分权与法治

冯亚东*

法律是人类最古老的一种管理方式，凡以群体之共同权力为后盾而制裁违规个体的行为规则，便具有法律之实质意义（故原始氏族社会至少存在着习惯法）。千百年来，法律无论是对善良百姓、妄为之徒还是上层官员，均具有一种令人震慑、至高无上之约束作用；“法网恢恢，疏而不漏”虽系一种臆想而绝非真实，但从中便也可窥人们对法律顶礼膜拜之畏惧心态。而宪法乃一个国家之最高最大之法——以宪法确立并推行基本国策的制度构造，便为所谓宪政。但宪法不管再高再大，在人们心目中它仍然不过是一种“法”；宪法同法律之间，始终存有一种剪不断、理还乱的纠缠关系。

古老的以刑为主专以治民的法律，在族群中世世代代传袭便也生成为一种统摄万物的普适性力量，由刑到民（事）渐次进入社会生活几乎所有领域。上上下下皆须尊崇和依赖法律的观念，一旦遭遇民主的火花——与限制王权自己做主以保障个人财产自由权的期求相碰撞，便自下而上理所当然悄然演变，进而凝成一种“以最高法律统治政府的观念”（芮恩施语），并成就为一种全新的被称为宪政的制度格局。一个凌驾并独立于众法之上、超越甚至替代传统皇权的新权威即宪法的意象，在各方条件具备时便轰然诞生。

宪政是近代政治史上的概念，其核心意义在于“限政”即限制政府权力；全部政治制度构建的基本出发点在于首先承认并切实保障个人权利——国家公权力必须服从并服务于这一基点，而个人权利之核心又在于自由且主要是针对财产。在这一意义上可以认为：是英国的《自由大宪章》揭开

---

* 作者为西南财经大学法学院教授。

《自由大宪章》是人类历史上第一份限制王权的文件。图为1215年，英国坎特伯雷大主教斯蒂芬·兰顿执笔，和贵族共同起草《自由大宪章》。

了人类宪政史之先河（并不在于是否有成文宪法或宪政的字眼）。而《自由大宪章》的真实缔造者，却系一帮不满国王所采取的高税政策，仅仅是为维护自己财产利益的非常自私的英国贵族们（穷人总是倾向于拥戴王权以均财富，而国王们也更多是顾多数保平等）。他们于1215年胁迫约翰王签署了对王权明显带有限制性质的法律文件，即形成人类政治史法律史上君主立宪之最初形态；以贵族们的集体性特权分割并抗衡君王独断天下之一统霸权，继而成为后世英国资产阶级建立所谓法治秩序的最重要法律依据（故后人们赋予其宪政开山鼻祖之地位）。

希腊城邦时代由于在以平民共和为基调的直接民主制下，公民个人同政治国家难解难分呈现高度的一致性——基本不存在需要限制政府权力的问题，故宪政的概念应当说是不适用于古希腊的。而古罗马的城邦共和国由于是由贵族们事实上掌权，在错综复杂多方利益的冲突争斗下，只能转向“西塞罗式”的相互之间权利/义务的计较层面，并最终在帝国时期自上而下形成在公权力（皇权）认可保护下的私法制度，故整个罗马时期（从贵族共和制到帝制）虽一定程度存在限政问题，但却并不能形成由英国人开创的对后世具有普遍仿效意义的宪政制度（但罗马时期极为复杂的权力制约格局，至少从形式到实质均为后世的宪政提供了诸多借鉴之处）。

相对于古希腊的民主政制，宪政可以被视作是后人在专制集权的制度氛围及历史背景下，以“合法”及“权威”的形式企图推行民主政制的又一种尝试；以大家均认同的传统的至高无上之法律形式，真实地开启一种全方位安排政制的新格局。但其实，君主立宪也好，共和立宪亦罢，早期时代都不过是一种富人们寄望于法律而固化“自主”诉求之举措。也许，借以这样一种新的观念及形式，来规制、推行并维护民主的做法，较之于古希腊雅典的公民们十分随意的“乱糟糟的争吵”及“多数人的暴政”（苏格拉底便死于这种暴政之下），能够更为理性、全面、长久地维系制度。

并且，一种能够真实规制权力富有成效的宪政制度，绝非是仅靠宪法之文本形式所能创立的。“政治社会不是其法律创造的东西，而是组成社会的人的情感、信仰、观念以及心灵和头脑的习惯所预先决定的，是创造社会的天性和教育的结果”（托克维尔语）。而所谓“创造社会的天性”，便是特定群体与生存环境相依互动所磨合的一种绵延不绝的情感。英国的立宪如此，美国其实也如法炮制——只是在新大陆殖民地上另辟蹊径独立出一个民主宪政的新国家（早期拓荒时代人人都有发财可能，且尚无明显的穷富之分）。还有哪一个真实的早期宪政，会是例外？有例外就总会有异因——必须依托于一种具有力量优势的群体性情感。

一百年来世界范围内在实质上依然承袭传统集权制度的假宪政，实在是太多太滥！但这其中的主要原因，却并非系领导人的虚伪而仅仅只是一种不得已对西方制度的借用——无可奈何只能“师夷长技以制夷”（从器物、制度到基本理念）；毕竟民主和宪政至少在初创时期，都只会是一种富人想“独立”而与皇权相争斗的政治游戏。孙中山一夜间推翻帝制树共和立宪政——虽也代表着新兴富商的利益（其称“华侨是革命之母”），但在几亿农人的乡土中国，注定只能是闹剧一场——做了几个月临时大总统便孤身流亡海外！彼时之中国，离却万民拥戴之君主，还能真实地立宪吗（主要指宪法的实际运作）？

近代以降，西方政治制度十分崇尚权力分立，而分立的诸权中对制度安排最具普遍性实质性意义的莫过于议会（商谈并制定国家、政府及司法运作的基本政策）。西方的议会制显然是受古罗马贵族院（元老院）与平民院（民众大会）分庭抗礼的格局影响，基本上都采两院制模式，其目的显然是要保证立法过程中方方面面利益的均衡与协调。贵族院的“贵族们”（如英国上院的世袭贵族们）主要考虑如何限制政府公权力以自由地创造并享有财富，而平民院的“平民们”则更多操心如何利用公权力对社会财富进行均分；两院在相互利益的计较和让步之中，最终才有可能达成一种对全社会均具约束力的妥协性法案。

近代西方各国在政治制度的建构中，实际上一定程度已牺牲了民主的真精神；形式上由于国家规模的庞大不可能再采直接民主制而改采代议制，以至更接近于一种寡头政治或精英政治。但这更多属于时代的无奈而非理性的自觉，以换取决策的高效率和社会快速的自由发展（客观上又一定程度可抗衡全民表决之“多数人的暴政”）。正由于现代民主制相对于古希腊政制的这一重大缺陷，故如何防止代议的官员们滥用权力，又成为当代政治学的一个重大课题。

现代社会所编造的最大神话之一，便是法律与政治的两相分离——法律应同政治划清界限拉开距离以保持自身的高度独立（美国最高法院在这方面似乎成为光辉典范）。但其实，分立的三权各自本身均属于政治的一部分，是传统政制的一种全新架构或权力的一种重新分配方式。作为直接化解社会冲突和调整人际关系的法律，其从未成为将来也绝无可能成为一个真正能够超越政治的自主性场域；离缺了政治（即人管人），法律便也就失去灵魂与存在价值。民主政制下民意左右着政治当然也应支配法律，始终存在的只是一个怎样才趋于“合理”的技术性设置问题。

从更长远的过程看，民主制度在真实运作中都会出现一种趋势，即事实上必然会由早期、中期的“贵族共和”转向后来的“平民共和”（不一定经由表象的形式）。而之所以会形成如此格局，实乃经济/利益规律左右人心制约社会之使然。集权政制衰败后大家自然欢欣鼓舞拥戴自由——人人似乎都成了贵族或至少存在充当贵族的可能；一旦社会前行最终陷入资源枯竭扩张无力、少数人占有多数财富的局面时，望“财”兴叹的多数人势必通过民主政制的力量来重新分配财富；而必须想方设法取悦于多数选民的“政客”们（总统及议员均属于到期得轮换走人的政界“客人”——区别于并不掌控核心权力且实行终身制的公务员即“官僚”阶层），很大程度便当然会沦为平民的代言人（想想古希腊及古罗马的执政官们所干的事情）。

在这样的态势之下，民主与法治实乃良好政制一体两面之根本保证；离缺一面，另一面肯定会步入歧途走向极端。法治乃规则之治（区别于国王之治），而规则又都是由先人拟定的；相对于日新月异千变万化之生活现实，其总是滞后和模糊的。法治之最大最高要求为：尊重并服从先辈们（主要是贵族）以鲜血和生命所确立的以自由为基本导向，并逐渐获得社会普遍认同的宪法（并不在乎是否有成文的形式），乃系一种以英美宪法为代表的维护自由价值之古老族群精神（对此当然也可理解为是法治的最大神话）！2400年前的希腊贵族思想家们，只能绞尽脑汁虚构“自然法”以作盾牌（自然法高于实定法）；而今天美国的富裕阶层，却可以名正言顺将命运托付于先辈们缔造的宪法，以至于形成一种对“宪法政制”（即宪政）宗教般的意识形态——可谓诚惶诚恐，顶礼膜拜！

而为应对变动不居之生活态势，既往的宪法同样也是需要不断解释的，且总是以超越实定法之自然法为背景作依据的（而对自然法的具体内容，可以尽情想象发挥）；后世的任何法律（通常为某一条款），一旦与之冲突便至少应被视为无效。而并非通过竞选产生（往往由总统提名）、精英型且为终身制并无“下课”之虑的大法官们，天然又会具有一种“维宪”之保守倾向，以遏制议会的简单多数基于现实利益之计较而形成的情绪性措施。虽然法官们基于常理也会认识到：僵化陈旧的宪法文本应当不断赋予其新意义以解决现实问题——当年的制宪者并不可能远瞻今天。但是，“自由”的精神却是永恒的，必须死守这一制度底线—— 一环断便环环松！

由于早期的民主政制及宪法主要是由“贵族们”基于对自由的追求所造就，而一到后期又会出现平民化并强调平等的倾向，故在平等与自由的实质性冲突中为维持政制的平衡——在表面上持一种“保守”“形式”的姿态，而在实质上却刻意固守早期宪法的自由精神，便势在必然（通过对持枪、堕胎一类敏感案件的保守性处断而渲染传统价值）。这也便是美国最高法院的大法官们在对宪法适用的解释方面，一种苦心孤诣去探求立法者本意的“原旨论”，一直居于解释学正统地位的原因所在。

其实，“原旨论”在实质上仅仅只是：一个抵挡平民现实诉求而固守贵族自由精神的挡箭牌——大法官们心知肚明只是不便直说。所谓的立法者本意，在形式上技术上理论上都是根本不可能求证的：其一，谁是当年的立法者——是法案的执笔起草者，还是法律的表决通过者？其二，如何确切地证明他们究竟想了些什么（政客们嘴上说的同心头想的总是不一致——这与法官们干的都一样）？由此亦可看出，目前中国法学界关于法律应如何解释的两种对立观点，即主观解释论（类似于探求立法本意的原旨论，可引申出形式法律观）和客观解释论（类似于探寻法律当下之应有精神的非原旨论，可引申出实质法律观）之争，实为一种简单仿效他国理论而根本脱离自身文化及制度背景的讨论方式。就中国的宪法及法律的解释而言，完全不存在主观解释论的立论根基与制度背景。生活总向前，法律得追随——于是，对法律的任何解释表现在真实的运作层面，都程度不同只能是客观的、实质的、合目的、理性的（包括美国大法官们通过司法判决事实上所操控的事态）。

也正是出于维持基本价值及政制之平衡的需要，故在世袭贵族缺位的美国，在200多年三权分立之宪政制度的演变中，越来越出现一种“司法至上”的倾向——最高法院逐步掌控了对由国会通过并经总统签署之法律的“违宪审查权”。而在有着“议会至上”悠久传统的英国，却由于世袭贵族的衰落而不得不在2005年通过了《宪政改革法》；从2009年7月起上议院不再承担司法职能，2009年10月新组建的英国最高法院开始独立地享有最终审判权——正式形成了三权分立的宪政格局。可以认为，英国宪政制度的这一重大改革举措，其主要目的便在于对抗至少是可能出现的“平民共和”倾向（而这恰恰正是古希腊民主制度崩溃的原因之一）。

由于任何社会都不可能存在同全体成员之欲望相对应的财富，于是只能是在有限的财富范围内调整制度以求取平衡。而民主制度本身便意味着“多数人说了算”——相较而言多数人肯定系穷人，便总是天然地倾向于均财富，故如何前瞻性地预设一种“抗多数、反平等”的制度，以保持社会所谓的生气活力，便成为民主政制自身的一大难题，甚至演化凝结成一个根本无法化解的悖论——由制度悖论会导致制度崩溃（希腊城邦即为前车之鉴。而马其顿对希腊的征服，其实仅具为他人收拾残局之意义）。

必须破除反腐败的错误思维定势

乔新生*

《环球时报》发表社论《反腐败是中国社会发展的攻坚战》，在社会上引起了强烈反响。不少媒体发表评论，认为这篇文章存在着严重的错误导向，文章的观点令人感到愤怒，中国不应该为腐败提供任何借口，中国政府不能以任何理由容忍腐败。

《环球时报》评论员撰写这篇文章的时候，曾经在电话里征求我的意见，并且逐字逐句地通读了这篇文章。笔者当时指出，这篇文章不存在理论问题，但是，这样的表达方式很可能会导致一些新闻媒体进行错误的解读，从而引起不必要的争论。记得当时笔者曾经建议，在这篇文章的结尾部分增加关于“顶层设计”的内容，最大限度地消除误解，防止一些别有用心的人寻章摘句，大做文章。

事实证明，笔者的担心不无道理。这篇文章虽然开宗明义，把反腐败作为中国社会发展的攻坚战，但是，正如一些新闻媒体发表评论所指出的那样，这篇文章可能会使人产生误解，认为中国当今社会不能消除腐败，而应该适当地容忍腐败。其实，文章的作者是在极力地澄清我国当前反腐败过程中一些似是而非的观点，为我国反腐败指明正确的方向。

首先，《环球时报》评论员直截了当地指出，民主不可能解决腐败问题。亚洲许多国家都是所谓的民主国家，但是，这些国家腐败问题非常严重。企图依靠所谓的民主来解决腐败问题，很可能是缘木求鱼。坦率地说，这是一个非常正确的观点，它既是对当今世界腐败现象的高度准确概括，同时也是消除我国一些学者内心深处反腐败幻想的清醒剂。然而，这样的

---

* 作者为中南财经政法大学廉政研究院院长、教授。

逻辑表达方式很容易产生争议。实行民主的国家不能解决腐败问题，那么，实行专政的国家是否能够解决腐败问题呢？其实，所谓的民主反腐败，只不过是一种途径和方法，如果民主发展的过程中存在诸多问题，那么，非但不能减少腐败，反而会产生更多的腐败。菲律宾等一些国家之所以在民主发展的过程中存在大量的腐败现象，根本原因就在于这些国家的民主选举已经异化为少数集团的轮流执政，民主已经不是多数人的选择，而是少数人绑架多数人的独裁统治。可以这样说，亚洲一些国家的民主实际上就是腐败的同义语，这些国家的民主之所以给人们一种腐败的感觉，就是因为民主与金钱选举须臾不可分离。这不是民主带来的问题，而是民主发展过程中缺乏监督所产生的问题。

实行民主的国家不可能解决腐败问题，但是，不实行民主的国家则一定会出现大规模的腐败现象。正因为如此，中国的执政党在一系列重要文件中反复强调，要想从根本上惩治腐败，必须大力发展民主。当然，中国执政者所说的民主与西方国家的民主制度有着显著的不同。中国的执政者通过党内民主吐故纳新，通过国家民主推动经济的发展，这是独具中国特色的民主发展道路。尽管这样的民主道路还存在着这样或那样的不足，但是，普通中国人都强烈地意识到，只有加快民主发展的步伐，真正落实主权在民的宪法原则，才能使我国的反腐败工作真正深入人心。

总而言之，实行民主不能解决腐败问题，但是，不能反过来说，实行独裁就能解决腐败问题。独裁是最大的腐败，而民主则可以为解决腐败问题提供一种可能性。至于在民主发展的过程中能否真正减少腐败，还需要非常复杂的制度设计。但是，如果不朝着民主的方向发展，那么，中国的腐败问题永远无法得到解决。

其次，市场经济是否必然会产生腐败呢？《环球时报》的社论指出，中国正处于腐败的高发期。当前中国实行市场经济，一方面让公众看到了世界各国反腐倡廉的高标准，另一方面也让人们看到了市场经济条件下的权钱交易。从意识形态层面来看，中国的执政者强调“为人民服务”，树立了一个崇高的道德标杆，可是另一方面在市场经济大潮的冲击下，一些政府官员把自己还原成为一个普通人，利用制度中存在的各种问题进行权钱交易。解决这个问题的根本办法不是走回头路，当然更不是把所有的问题归咎于市场经济。市场经济是人类历史上最无奈的选择，市场经济发展过程中必然会出现各种各样的腐败问题。这一方面要求执政者必须牢牢地把握自己的宗旨和纲领，另一方面则要求制定更加完善的法律，防止市场经济的交易规则侵入社会的各个领域。

“摸着石头过河”的改革模式为腐败滋生提供了土壤。一些政府官员既是改革的决策者，同时也是改革的执行者。许多官员打着“招商引资”的幌子，制定各种各样的奖励和交易规则，为自己及亲朋好友谋取巨大的利益。这种“制度上”的腐败比个人的直接贪污受贿更为严重。因此，中国在反腐败的过程中，一方面要改变传统的思维定势，尽可能地解决行政决策权与行政执行权重合所带来的腐败问题，另一方面也要重建我国的政治伦理，防止一些政府官员把市场经济的交易规则或者商业惯例自觉或者不自觉地引入政治领域，把自己所掌握的公权力变成一个谋取个人私利的工具。事实上，改革开放以来，执政者在反腐败方面殚精竭虑，不仅制定了一系列的刑事法律规范，而且针对执政党的成员制定了数十个纪律性的规范。这些规范之所以没有充分发挥作用，根本原因就在于中国实行的是行政主导的改革模式。这种改革模式使得行政权力在改革的过程中不断扩大，从而为官员谋取个人私利打开了方便之门。解决这个问题的根本途径就在于加快民主政治体制的改革，逐步缩小政府官员手中的权力，通过定期的选举让政府官员充分意识到自己所面临的政治风险。因为只有这样，才能把反腐败的外在约束变成政府官员的内在道德驱动力。

总而言之，市场经济只不过是腐败产生的外部原因，只有强化对政府官员的监督，让他们时刻意识到可能存在的政治风险和法律风险，才能在发展市场经济的过程中减少腐败现象。市场经济改变了传统的社会生态特别是政治生态，政府官员必须学会在市场经济条件下依法办事。如果政府官员既是法律的制定者，同时也是法律的执行者，那么，政府官员很自然地会把既得利益集团获取的利益合法化。假如没有看到我国当前反腐败所面临的深层次问题，而只是简单地把腐败与市场经济画等号，认为市场经济必然会产生腐败，因而容忍腐败现象的存在，那么，在反腐败的过程中就会进退失据。而所谓“能人犯罪”问题，则充分反映出我国学术界特别是法学界部分学者的思维混乱现象。在市场经济条件下当然需要“能人”，但是这些所谓的“能人”不能成为超越法律规定之外的特殊人群，他们必须在法律的引导下从事各种商业交易活动。如果他们的行为触犯了国家的法律，那么就应当受到法律的严惩。学术界之所以讨论这个问题，就是在有意或者无意地把市场经济与腐败等同起来。世界上所有的国家都存在腐败问题，也正因为如此，几乎所有的国家都建立了专门的反腐败机构，联合国还专门制定了反腐败国际公约。但是，不能因为市场经济国家都存在腐败问题，而认为中国的腐败问题不令人感到焦虑。正如《环球时报》评论员指出的那样，现在中国的腐败问题已经让人感到痛苦和纠结。中国的决策者必须把腐败控制在民众所容许的范围内，而要做到这一点似乎还非常困难。

第三，高薪能否养廉？这实际上是一个典型的大专辩论问题。高薪养廉之所以成为一个长期讨论的问题，是因为其中包含着非常复杂的深层次意义。所谓高薪只能是相对而言，在不同的历史阶段、不同的国家高薪养廉具有不同的内涵。可以设想，在中国这样一个行政主导的国家，公务员的数量如此庞大，如果实行高薪养廉，那么，中国的公共财政支出将不堪重负。事实上，中国现在公共财政支出已经到了令人无法容忍的地步。从表面上来看，绝大多数公务员的基本工资相对较低，但是，由于公款消费居高不下，因此，公务员的实际消费水平远远高于许多国家。一个非常经典的故事是，我国某省的一位市长通过电视邀请美国市长到中国访问，美国市长直言不讳，在财政预算中没有这样的开支，中国市长大包大揽，当面承诺美国市长在中国的所有消费都由中国政府来承担。这个故事充分说明中国行政官员支配的资源远远多于其他许多国家。在这样的财政体制下讨论高薪养廉的问题，具有黑色幽默的意味。中国公务员的平均工资可能要低于绝大多数西方发达国家公务员的平均工资，但是，中国公务员可支配的财政资源可能要远远高于绝大多数西方发达国家。不仅如此，在平均数的掩盖下，一些位居要害部门的公务员，在实际生活中所掌握的资源比人们想象的还要多，这些官员一旦中箭落马，所暴露出来的腐败问题往往令人瞠目结舌。所以，如果脱离了中国现行的财政体制，如果不考虑中国公务员收入分配结构，如果不了解中国社会资源的分布情况，只是进行高薪养廉形而上学的讨论，不可能提出建设性的意见。

西方国家并非都实行高薪养廉的制度，一些国家的政府官员之所以能够保持廉洁，不是因为他们具有支配国家资源的权力，而是因为他们有着独特的社会评价体系。一些社会知名人士功成名就，他们之所以担任政府官员，不是为了谋取个人利益，而是为了回馈社会。正如《环球时报》所指出的那样，西方发达的市场经济国家普遍存在着"旋转门"现象，政府官员卸任之后，可以利用自己在政府工作的丰富经验，为市场主体提供各种各样的服务，而这样一来，就可以获得自己应得的收入。换句话说，政府官员的履历是西方国家政府官员卸任之后获取高收入岗位的敲门砖，尽管政府官员担任政府职务的时候没有多少收入，可是，他们一旦离开政府工作岗位，就会成为炙手可热的人物。当然，我们必须指出，西方国家的"旋转门"并非没有界限。绝大多数西方国家都明确规定，如果政府官员辞去职务之后到自己所主管的行业或者企业"再就业"，必须经过一定的"冷却期"，换句话说，必须把自己的余热释放之后，才能上岗就业。

中国当前所面临的不是公务员高薪养廉的问题，而是公务员人浮于事的问题。可以这样说，在中国公务员是解决就业的重要途径。现在数以百万计的大学毕业生参加公务员考试，企望在国家机关谋得一官半职，这充分说明我国的人才资源配置体系已经出现了非常严重的问题。面对数百万公务员考试大军，如果现在建议执政者高薪养廉，就是缺乏起码的学术良心。中国目前最为迫切的是增加公务员财产的透明度，以公务员财产申报制度取信于民。不能因为少数公务员的名义工资不足以使他们过上体面的生活，而为公务员腐败鸣冤叫屈。

总而言之，高薪养廉问题是一个可以讨论的问题，但是，在中国的现阶段，不能把高薪养廉作为中国反腐败的一个重要手段。中国目前不具备高薪养廉的条件，中国也不能仿照西方国家，建立透明的"旋转门"制度。中国的公务员队伍庞大，目前中国政府应当采取坚决有力的措施，压缩公务员的规模，因为只有这样才能解决我国反腐败所面临的"法不责众"问题。

正如《环球时报》评论员所说的那样，反腐败是中国社会的攻坚战。当前我国反腐败必须消除一些似是而非的错误观念，必须克服反腐败的错误思维定势，必须在澄清事实真相的基础上拨乱反正。中国已经加入世界反腐败公约，对国际社会作出了庄重的承诺。近些年来，中国政府在反腐败方面所作出的努力有目共睹。但是，必须看到，中国公众对中国政府反腐败还有更高的期望，他们希望中国的执政者能够像他们所承诺的那样，真正为人民服务。普通中国民众之所以通过现代互联网络揭露腐败，是因为他们对中国的执政者尚存信心，希望通过自己的积极参与，帮助中国的执政者消除腐败。这是中国反腐败的巨大动力，也是中国未来反腐败的希望所在。中国的执政者应当顺应时代的潮流，加快制度建设，以更加透明的方式反腐败，以更加可靠的方式清除执政团队内部的腐败死角，以更加完善的法律制度防患于未然。

中南财经政法大学廉政研究院是中国教育部所属院校中第一个与纪律检查机关联合设立的专门的“廉政研究院”，因而受到了海内外各界的广泛关注。作为这个研究机构的负责人，笔者始终认为我国当前反腐败所面临的最大问题不是个人的贪污受贿问题，而是体制性的腐败或者制度性的腐败问题。一些垄断机构已经把腐败产生的既得利益合法化，因此，在未来反腐败的过程中必须从体制和制度建设入手，通过修改我国现行的法律制度，完善有关体制和决策的机制，从根本上消除腐败滋生的土壤。简单地说，针对个体的腐败问题，我国现在已经有了非常成熟的解决方案，但是，针对体制性的或者制度性的腐败问题，我们还需要从长计议。不能因为中国当前存在腐败问题，而认为中国的发展方向错误，也不能因为中国当前在反腐败的领域还面临一系列的制度障碍，而对中国反腐败失去信心。在反腐败的问题上我们同样需要寻求共识，凝聚共识。

人权保障：走出宪法的“神坛”

——尊重和保障人权从宪法走进刑诉法背后的故事

陈卫东 *

2012年3月14日，备受学术界、实务界以及社会公众广泛关注的刑事诉讼法修正案获得通过。运行16年之久的刑事诉讼法又一次迎来了新的发展机遇。这是继1996年刑事诉讼法修改之后的第二次大修，其科学性、民主性得以进一步提升，内容也更加完备。在赢得众多热烈掌声的背后，现今摆在诸公面前的这部新刑事诉讼法，也经历了“台上一分钟，台下十年功”似的百般历练。其背后凝聚的更是积极推动中国刑事法治进步的立法界、学术界、实务界相关人士以及社会公众的汗水与智慧。轻抚这部刚“出生”的新刑事诉讼法，回首当初的“十月怀胎”，笔者感慨万千。作为一名全程参与刑事诉讼法修改的学者，笔者有幸再次亲眼见证了新刑事诉讼法由蛹化蝶、凤凰涅槃的修改历程。我曾经说过，每个条文背后都有一段故事。实际上，毫不夸张地讲，每个条文的增删，每个语句的变通，每个字词的更换，甚至是每个标点符号的改动都凝聚了无数人的心血。

“尊重和保障人权”在2004年被写入宪法之中，使得人权保障由以往单纯的制度实践转变为宪法性的基本原则与指导理念。作为宪法的下位法，尊崇宪法作为根本大法的权威地位是当代法治实践的应有之义。因此，“尊重和保障人权”也应当成为各部门法立法的一个指导思想。但是，将该条款明确写入部门法之中，却是少有的做法。新刑事诉讼法不落窠臼，将“尊重和保障人权”写入新刑事诉讼法，使其成为点缀在新刑事诉讼法这顶美丽皇冠上最耀眼的明珠，昭示着我国人权保障事业新的进步与发展。当然，“尊重和保障人权”的入法，堪称神来之笔，背后也有一段曲折离奇的故事。

* 作者为中国人民大学法学院教授。

细心的读者可能会发现，“尊重和保障人权”写入新刑事诉讼法是三审稿的事情。在此之前，2011 年 8 月份公布的草案征求意见稿以及后来未公布的二审稿对 1996 年刑事诉讼法的前两条都没有做任何的变动。为何在三审稿中却新增加了这个规定呢？实际上，早在草案征求意见中，就不断有专家学者、实务界人士呼吁在新刑事诉讼法中落实宪法“尊重和保障人权”的要求，全国人大法工委等相关部门自身也在考虑这个问题。写与不写以及怎样写，一直存在着争议，便没有规定在前两稿之中。在这个过程当中，不得不提一下宪法学者们的贡献。中国人民大学法学院院长韩大元教授在 2012 年全国人大法工委专家新春座谈会上指出，刑事诉讼法修改要协调宪法与刑事诉讼法两者之间的关系，应当将保障人权写入新法律之中，作为刑事诉讼法的一项宗旨，并撰文重申了这个观点。

韩大元教授的发言将这个问题推到了修法的最前沿，成为该法立法过程中不得不面对、不得不解决的现实问题。对此，中央有关领导以及相关部门都非常重视，要求研究问题，拿出修改意见。当然，“尊重和保障人权”作为宪法的一项基本原则，理应在刑事诉讼法中得以体现，这是落实宪法原则的基本要求。而且，从国际公约的精神来看，将其写入刑事诉讼法也便于与国际接轨，重申我们国家在人权保障事业上的立场。更为重要的是，将此写入刑事诉讼法，就要求在刑事诉讼的各项具体活动中必须贯彻这一指导理念，既有利于更加充分地体现我国司法制度的社会主义性质，也有利于司法机关在刑事诉讼程序中更好地遵循和贯彻这一宪法原则。因此，在规定“尊重和保障人权”问题上达成了统一意见。

但问题并没有就此结束。在解决了新刑事诉讼法要不要规定“尊重和保障人权”之后，另一个非常棘手的问题随之而来，即“尊重和保障人权”在新刑事诉讼法中如何规定。最主要的争议就是在第 1 条规定还是在第 2 条规定。有学者认为，“人民”是一个政治概念，而不是一个法律概念。“人民”的内涵随着社会的发展而变化，但“人民”始终是一个事关“好人”的概念，并不包括所谓的“敌人”，诸如犯罪嫌疑人、被告人等众多主体并不能被囊括进来。由此导致的后果就是 1996 年刑事诉讼法第 1 条所规定的“保护人民”似乎并不包括犯罪嫌疑人、被告人，给人一种犯罪嫌疑人、被告人只能是打击而非保护的对象的表象。这与人权保障的内涵与要求是有很大差异的。

人权，是人之为人所具有的基本权利，并无所谓的“好人”与“敌人”之分。韩大元教授也据此认为应当将第1条中的“保护人民”改为“保障人权”。而且，其认为“惩罚犯罪，保护人民”隐含了通过惩罚犯罪来保护人民的逻辑，惩罚犯罪就是保护人民，保护人民就是要通过惩罚犯罪来得以实现的，所以“惩罚犯罪，保护人民”是重复强调，并不能体现保护人权的内涵。

中央有关机关以及法工委充分注意到了这个问题，经过反复的斟酌、酝酿，最终决定在第2条刑事诉讼法的任务中加入“尊重和保障人权”。为什么要在第2条而非第1条加入这一内容呢？这实际上是由第1条和第2条所规定内容的性质所决定的。刑事诉讼法第1条规定的是刑事诉讼法的立法宗旨，而第2条规定的是刑事诉讼法的任务。这两者有着根本的不同。立法宗旨也即立法目的，是制定和实施刑事诉讼法的出发点和追求的目标，这是一个上位概念。刑事诉讼法的任务则是刑事诉讼法所承担的责任，是一个下位概念。刑事诉讼法的立法宗旨要受到宪法以及刑事实体法的限制，“人民”是宪法中明确采用的概念，而刑法第1条更是明确规定了刑法的立法目的是要“惩罚犯罪，保护人民”，作为保证刑法正确实施的刑事诉讼法当然无法突破现有的立法。而刑事诉讼法的任务则是一个较为具体的概念，将“尊重和保障人权”作为一项任务规定不会面临修改“人民”用语所带来的风险，同时也表明了刑事诉讼法在落实宪法的基本原则，“尊重和保障人权”方面的重大决心与努力。

实际上，随着国家社会的发展，“人民”的内涵发生了重大变化，已然等同于“公民”的概念。这个时候过于强调“人民”的政治属性已经不能适应社会发展的需要。在刑事诉讼法中强调“尊重和保障人权”主要是侧重于保障犯罪嫌疑人、被告人的人权。从目的解释的角度来看，应当把“人民”同“公民”的概念等同起来。这样，刑事诉讼法第1条所规定的“保护人民”便具有了保障人权的内涵，那么，在刑事诉讼法中再将“尊重和保障人权”作为一项任务规定在第2条也就是顺理成章的事情了。

新刑事诉讼法在将“尊重和保障人权”纳入第2条的同时，删掉了1996年刑事诉讼法第2条中的“以维护社会主义法制”等规定之前的“以”字。删掉这个“以”字之后，该条就只剩下关于“任务”的规定了，这也就意味着“尊重和保障人权”成为刑事诉讼法的一项具体任务，而且是一项全新的任务。经过此番调整后，新刑事诉讼法的任务便被划分为了三个方面：第一，保证准确及时地查明犯罪事实，正确应用法律，惩罚犯罪分子，保障无罪的人不受追究；第二，尊重和保障人权，保护公民的人身权利、财产权利、民主权利和其他权利；第三，教育公民自觉遵守法律，积极同犯罪行为做斗争。

经历了产前的“阵痛”，“尊重和保障人权”终于走出宪法的“神坛”，进入部门法的怀抱。“尊重和保障人权”写入新刑事诉讼法，使得其由一个高高在上的宪法性原则转变为了一项部门法的具体任务，由抽象、原则变得更为具体。毫无疑问，“尊重和保障人权”犹如一座灯塔，将指引中国刑事诉讼法治在人权保障事业上不断向前迈进。

相关法条

新《刑事诉讼法》

第一条　为了保证刑法的正确实施，惩罚犯罪，保护人民，保障国家安全和社会公共安全，维护社会主义社会秩序，根据宪法，制定本法。

第二条　中华人民共和国刑事诉讼法的任务，是保证准确、及时地查明犯罪事实，正确应用法律，惩罚犯罪分子，保障无罪的人不受刑事追究，教育公民自觉遵守法律，积极同犯罪行为作斗争，维护社会主义法制，尊重和保障人权，保护公民的人身权利、财产权利、民主权利和其他权利，保障社会主义建设事业的顺利进行。

刑事诉讼中的“‘等’字定律”

*龙宗智**

我平时说话和讲课，语言常常干瘪无味，为克服这个毛病，有时注意增加一点幽默的说法，略做调剂。例如，最近应邀外出讲刑诉法，我就讲我发现了一个“龙氏定律”。

2011全国人大发布的《刑事诉讼法修正案（草案）》征求意见稿，就采取拘留、逮捕措施通知家属的问题规定：其中涉嫌危害国家安全犯罪、恐怖活动犯罪等严重犯罪，通知可能有碍侦查的，可不通知家属。这里，列举两类犯罪，但后面加了一个“等”字。此外，征求意见稿其他一些地方，也有类似的“等”字用法。我说，不要小看这个“等”，它意味深长，我在这里发现一个定律，开个玩笑，姑且称为刑事诉讼的“龙氏定律”。

定律的第一条是，如果有利于国家权力行使，“等”就等于一切。该规定适用于一切可能延伸的情况，而前面所作的重点界定基本无用。如“不通知家属”，两类列举的犯罪后加上“等”，就等于一切严重犯罪，甚至一切犯罪。如若不信，我举个例子。现行刑事诉讼法第69条第2款规定，流窜作案、多次作案、结伙作案的重大嫌疑分子，拘留后提请逮捕的时间可以延长至三十日。这一规定将适用对象明确限定于三类，但在实践中，却普遍适用于各类嫌疑人。杀妻案虽然老婆只有一个，但仍然可能“涉嫌”多次作案；至于“流窜作案”，反正法律没有明确界定走多远跑几次算流窜，因此从城东窜到城西作案也可能涉嫌“流窜”。即第69条第2款规定的三类犯罪后面并没有加“等”，而执法机关在实际适用中自行加了个“等”。大家想想，如果此条后面还有一个“等”字，是不是又会被理解为“等于

---

* 作者为四川大学法学院教授。

一切”？

定律的第二条是，如果不利于国家权力行使，“等”就等于零。该规定基本没有延伸空间。也举一个例子说明。去年“两高三部”发布“非法证据排除规定”，确定排除对象包括“采用刑讯逼供等非法方法收集的犯罪嫌疑人、被告人供述”。大家知道，近几年来，全国非法证据排除的情况极少，这条规定很难执行。而从实践情况看，无论是程序启动，还是实际排除，均围绕“刑讯逼供”做文章，规定中的“等”字虽然似乎创造了排除证据的无限空间，但“刑讯逼供”尚排除不能，更不要说“等非法方法”——这种含糊且理解各一的规定。因此，辩护律师基本上不将这个“等”字作为排除依据。四川资阳雁江区交通局长受贿案，被称为四川第一起启动非法证据排除程序的案件，《检察日报》等不少媒体作过报道。该案律师在开庭前曾上门向我做了一个法律咨询。我听了案情后说，这个案子中你所说的侦查机关使用的饥饿、寒冷、殴打、疲劳、亲情逼迫、与严重传染病人共同关押等多种违法手段，就单一行为看，都没有达到刑讯逼供的严重程度，应属于“其他残忍、不人道和有辱人格”的方法。但是该律师也知道，那个“等”字不好使，因此后来我从媒体上看到，他上法庭时，将这些方法都作为“刑讯逼供”，称“饥饿逼供”、“寒冷逼供”、“亲情逼供”、“传染病逼供”等等。当然，结果也可想而知，程序能够启动，但排除证据无望。

“等”字定律，反映的突出问题，是中国刑事诉讼仍然具有“超职权主义”的特征，国家权力过于强大而制约不足，公民权利过于弱小而保障不够。我国刑事诉讼，即使在新刑事诉讼法实施后，全部强制侦查措施，除“逮捕”这种长期羁押必须经过一个准司法审批外，其他均由侦查机关自行决定并实施。而强制侦查的司法审查，在采用“职权主义”的欧洲国家，是很多年前就已经基本解决了的问题。加上我国刑事诉讼中实行各机关分工负责、各管一段的制度，国家执法机关在扩展自身权力、压缩公民权利时缺乏一种有效的制衡监督机制。因此，一方面调整刑事诉讼构造，建立针对国家权力，尤其是强制侦查权的有效制约机制，同时强化对公民权利的有效保障和救济，是中国刑事诉讼制度改革需要解决的深层次问题。

“等”字定律，对我们当前立法的提示是，鉴于中国刑事诉讼现行构造和机制，在立法时应当尽量将国家权力限制得严格一些、明确一些，同

时就公民权利保障的规定应当更为清晰并具有可执行性。例如，尽量减少“等”字的使用，而用明确的规定予以替代。刑事诉讼法修改已经有一些好的范例，如前述“被失踪”条款，在定稿时不仅强制措施只保留一种，而且将“等”字取消，使保留的一种也只能适用于两类犯罪而不是一切犯罪。再如，关于逮捕必要性的批捕条件，过去规定是“尚不足以防止发生社会危险性，而有逮捕必要的”，十分笼统，不好操作，实践中这一条件被忽略。新刑诉法第 79 条具体列举社会危险性的五种情况，同时规定不需考虑逮捕必要性的情况，这就使司法实践具有了可操作性，减少了可规避性。不过，虽有不少进步，但仍然大有改进空间。如排除非法口供的范围，仍然是“刑讯逼供”加“等”字，而从目前实践看，典型的刑讯逼供减少，虐待折磨以及多种违法行为叠加产生严重逼迫效果等情况较为突出，新法的规定难以应对此类问题。立法机关有难处，但法律改进和实践进步似乎仍然是刻不容缓的。

刑事诉讼中提起精神损害赔偿的迷茫

王明锁 *

《刑事诉讼法》是重要的基本法。我国1979年随《刑法》制定《刑事诉讼法》,1996年做较大修改,过16载，又被修改通过。其条文增加、内容充实，人权入法，真的是可称可赞可圈可点。但是，对犯罪行为给被害人造成的精神损害，被害人似乎依难获得赔偿，其正义依未得以体现。对此笔者久思不得其解，故不怕行家见笑而妄加考量。

新《刑事诉讼法》第99条第1款规定："被害人由于被告人的犯罪行为而遭受物质损失的，在刑事诉讼过程中，有权提起附带民事诉讼。被害人死亡或者丧失行为能力的，被害人的法定代理人、近亲属有权提起附带民事诉讼。" 在刑法方面与此相关之规定还有如下情形：

（1）《刑法》第36条规定："由于犯罪行为而使被害人遭受经济损失的，对犯罪分子除依法给予刑事处罚外，并应根据情况判处赔偿经济损失。承担民事赔偿责任的犯罪分子，同时被判处罚金，其财产不足以全部支付的，或者被判处没收财产的，应当先承担对被害人的民事赔偿责任。"

（2）2000年最高人民法院《关于刑事附带民事诉讼范围问题的规定》（法释［2000］47号）第1条第2款规定："对于被害人因犯罪行为遭受精神损失而提起附带民事诉讼的，人民法院不予受理。"该《规定》与刑法及刑事诉讼法中的规定无矛盾冲突，自当有效。

（3）2002年最高人民法院《关于人民法院是否受理刑事案件被害人提起的精神损害赔偿民事诉讼问题的批复》（法释［2002］17号）规定："刑事被害人在刑事案件审结以后另行提起精神损害赔偿民事诉讼的，人民法

---

* 作者为河南大学法学院教授。

院不予受理。”

如果我们对这些神圣的令人敬畏的法律条文和相关规定进行考量，似乎所发现的不止是问题，还有重重的矛盾和无奈的迷茫。

其一，刑事诉讼法和刑法中的规定都只提物质损失，而不管或者回避精神损失。犯罪行为实行后，可能既给被害人造成物质方面的损失（财产损失、经济损失），也造成了精神损害（精神损失）。但是刑法和刑事诉讼法及其相关规定、解释，却都只管物质损失而不管精神损害。很是令人费解。因为于人的利益观念中，物质利益并非首位。柏拉图认为，在人的利益中，健康第一、漂亮第二、力量第三、财富第四。财富物质的东西并非最重要。我们耳熟能详的“生命诚可贵，爱情价更高，若为自由故，两者皆可抛”的表达中，并没有将金钱与三者进行比较。通常也没人会认为金钱比生命健康自由更重要。可是根据我们的立法，看重的只是物质损失，而不考虑受害人的精神损失；只关注物质利益赔偿，而不规定对精神损害的抚慰。依此，把人的物欲看得太重，而轻视或无视精神的感受。实践中，假若受害人以遭受精神损害而向法院提起附带民事赔偿要求，司法机关即可以以刑法和刑事诉讼法只规定物质损失、没有规定精神损失而理直气壮地拒绝。结果是让刑事受害人哑巴吃黄连——有苦说不出，愁只愁法律没规定。

其二，若说刑法、刑诉法的规定是假装没看见或者不承认被害人的精神损失，那么其解释性《规定》中则是看见和承认精神损失，但就是不睬不理的了。法律规定并不等于能够正确反映社会的实际情形。活生生的社会生活中，当犯罪行为致被害人身体残废、健康受损、生命被杀、孩子被拐等等后果，给被害人造成的比物质损害更严重的往往是有关被害人生活无望、家破人亡、妻离子散、痛苦悲伤、精神失常等，精神方面的损失是实实在在、客观真实的。但作为基本法的刑法、刑事诉讼法却不予承认。法律上的不承认不等于当事人感受不到，法律不主持公道不等于天理人情中也没公道，没有法律根据也不等于被害人会就此作罢。当受害方找司法机关或有关部门进行理论，司法机关最终也不得不承认有精神损害。但为堵住被害人的纠缠，便作出个 “对于被害人因犯罪行为遭受精神损失而提起附带民事诉讼的，人民法院不予受理”的解释。如此规定，承认被害人有精神损失，但提起附带民事诉讼却不予受理，依此被害人被挡在诉讼之外，使被害人干着急没办法，怨只怨最高法院已有个明确规定！

其三，若说解释性《规定》是不让被害人提起附带民事诉讼的话，那么《批复》中的规定就是把被害人推到绝境中去了。根据《规定》，对于被害人因犯罪行为遭受精神损失而提起附带民事诉讼的，人民法院不予受理。这种情形下，被害人一方可能继续搜肠刮肚、万想千思，最终是愚者千虑必有一得，终想出一条妙计巧招：你不是规定对刑事被害人因精神损害提起附带民事诉讼的人民法院不予受理吗？我现在不提起附带民事诉讼，而是在刑事诉讼案件进行完毕后另案起诉，单独要求精神损害赔偿。这时，真的是“魔高一尺、道高一丈”。我们的人民法院便又对此专门批复，曰：“刑事被害人在刑事案件审结后另行提起精神损害赔偿的民事诉讼时，人民法院不予受理。”（从上下前后的联系和语言逻辑的严谨性上看，如果把“人民法院不予受理”改为“人民法院也不予受理”则更为确切。）依此，再一次把刑事被害人通过诉讼途径提起精神损害赔偿的要求堵住了，并堵得严严实实！呜呼，悲哉！好端端的身体生命、家庭幸福被侵害、被毁灭了，造成的是天塌地陷的痛苦和悲伤，是无尽的悔恨与思念，是再也不能挽回的幸福和生活，但是对此精神伤害和损失，不是法律不承认，就是法院不受理。如此，被害人果真只能绝望了。天理何在？公道何在？恨只恨自己无能无耐或命中注定该有此劫此难啊！被害人在此境况下，忍之？愤之？还是另图之？

如果我们进一步思量以上问题之缘由，更会发现诸多问题是不可思议的。

第一，规定物质损失，逻辑上意味着必有精神损失。物质与精神本是一对联系密切的概念。新《刑事诉讼法》规定：“被害人由于被告人的犯罪行为而遭受物质损失的，在刑事诉讼过程中，有权提起附带民事诉讼。”那么对于被害人由于犯罪行为而遭受的精神损失，似乎理应有所交代，规定可以在刑事诉讼过程中与物质损害一并提起，或者在刑事诉讼程序结束后有权单独提起民事诉讼而要求赔偿。但是法律偏偏没有按如此正常的逻辑思维进行规定。

第二，民事上承认精神损害，意味着刑事上更应承认精神损害。《民法通则》第119条规定：“侵害公民身体造成伤害的，应当赔偿医疗费、因误工减少的收入、残废者生活补助费等费用；造成死亡的，并应当支付丧葬费、死者生前扶养的人必要的生活费等费用。”第120条规定：“公民的姓名权、肖像权、名誉权、荣誉权受到侵害的，有权要求停止侵害，恢复名誉，消除影响，赔礼道歉，并可以要求赔偿损失。”此两条规定虽然没有明确对受害人的精神损害赔偿问题，但前条中的两个“等”字和后条中的“并可以要求赔偿损失”却被认为是为精神损害赔偿留下了余地或打开了缺口。值得庆幸的是，2001年《最高人民法院关于确定民事侵权精神损害赔偿责任若干问题的解释》中明确承认精神损害赔偿。其规定，为在审理民事侵权案件中正确确定精神损害赔偿责任，根据《民法通则》等有关法律规定，结合审判实践经验，自然人因生命权、健康权、身体权、姓名权、肖像权、名誉权、荣誉权、人格尊严权、人身自由权，以及违反社会公共利益、社会公德侵害他人隐私或者其他人格利益，受害人以侵权为由向人民法院起诉请求赔偿精神损害的，人民法院应当依法予以受理；非法使被监护人脱离监护，导致亲子关系或者近亲属间的亲属关系遭受严重损害，监护人向人民法院起诉请求赔偿精神损害的，人民法院应依法予以受理；自然人死亡后，其近亲属因有关侵权行为遭受精神痛苦，向人民法院起诉请求赔偿精神损害的，人民法院应当依法予以受理。按理说，犯罪行为比民事侵权行为给被害人造成的精神损害更为严重，但受害人因民事侵权行为造成精神损害的可以依法得到赔偿，而因犯罪行为造成精神损害的，刑法方面竟不做规定。

第三，犯罪行为是严重侵权行为，意味着更应积极受理刑事被害人精神损害方面的诉讼请求。按上述规定，如果行为人只构成民事侵权并给被害人造成精神损害的，其提起精神损害赔偿要求的路径是畅通的，依法可以得到妥善解决。但是犯罪行为是严重侵权行为，给被害人造成的精神痛苦和精神损害更大，刑事被害人精神损害赔偿的请求更应得到理解、同情和支持，更应给以方便有效的司法救济。但相关刑事法却是处处为难和设置障碍，既无同情理解的表达，也无方便有效的救济路径。

第四，就上述规定与有关国家的法律规定相比，足以使我们汗颜甚至无地自容。如法国《刑事诉讼法典》第2条规定：“任何遭受重罪、轻罪或违警罪受损害者，有权提起损害赔偿民事诉讼。”第3条规定：“民事诉讼可以与公诉同时进行，并由同一管辖法院审判。一切就追究对象的犯罪事实所造成的损失而提起的诉讼，包括物质的、身体的和精神的损失，均应受理。”再如《法国民法典》第4条规定：“法官如借口法律缺项、法律不明确或不完备而拒绝审理，得按拒绝审判罪予以追究。”很明显，一个是对被害人正当要求的堵截，一个是对法官借口或不负责任的禁止。

第五，刑事诉讼法的任务，不仅是要“保证准确、及时地查明犯罪事实，正确应用法律，惩罚犯罪分子，保障无罪的人不受刑事追究”，还要“教育公民自觉遵守法律，积极同犯罪行为作斗争，维护社会主义法制，尊重和保障人权，保护公民的人身权利、财产权利、民主权利和其他权利，保障社会主义建设事业的顺利进行”。如果全面正确理解和解释刑事诉讼法的任务，如果不把刑事诉讼法的规定理解为主要是对刑事犯罪行为人的人权的重视和保护的话，就必须对刑事被害人精神损害的赔偿也明确规定，给以同等的重视和保护。

提起附带民事诉讼，本是为了全面保护受害人的合法财产，惩戒、教育和改造犯罪分子，节俭诉讼成本，正确及时处理案件，减轻刑事被害人的痛苦和经济负担，但上述现有规定和做法却与此完全是背道而驰。要想在刑事被害人与犯罪行为人及国家司法资源之间找到更多的平衡点，似乎应当注意以下几点：

首先，树立全面正确的人权观。人权是每个公民都应当平等享有的权利，其内容包括人身、财产、物质、精神及其司法救济等方面的权利和利益。对刑事诉讼中的犯罪嫌疑人和被告人，不得先入为主认定其有罪或者无罪，不能对其进行有罪推定，更不能对其刑讯逼供，其合法权益不能被非法剥夺与侵犯，其有罪无罪及其应当接受的惩罚，都只能依法院审理后的判决决定。而对于刑事被告人或犯罪嫌疑人的审判，从另一方面便直接涉及刑事被害人的权利和利益。犯罪嫌疑人该有罪而被判无罪、该重罪而判轻罪，本该赔偿的精神损失如果得不到应有的赔偿，则无不是对刑事被害人的又一次伤害，是对刑事被害人人权的侵害。

其次，法律上的协调统一。对于刑事被害人的精神损害问题，在刑法与刑事诉讼法中应当明确规定刑事案件被害人在刑事诉讼过程中可以就所遭受的物质损害和精神损害一并提起附带民事诉讼，或为了防止刑事案件审判的过分迟延，也可以在刑事案件审判结束后，由同一审判组织继续审理附带民事诉讼。且应当与民法、民事诉讼法方面的规定相一致，规定人民法院审理附带民事诉讼案件，可以促使刑事被害人和刑事被告人之间就附带民事诉讼部分进行和解，法院也可以进行调解，或者根据物质损害和精神损害的情况进行判决。

其三，学习先进法律理念与法律规定。法院是否受理案件，其依据应当看是否符合案件受理条件。而不应将受害人简单粗暴地堵在司法救济的路径之外。否则，只能是逼迫受害人另辟他路，寻求信访、报复或其他手段。同时，法院受理案件后，如遇法律没有明确规定，可根据公平正义等法律原则，以及国家政策、社会公德等综合考虑解决纠纷，如此不仅能够促进社会和谐，更能促进法学理论的发展和司法实践的进步。

其四，案件是否受理不应由法院自己规定。法院是审理案件的司法机关，其受理案件的规定，当由立法机关规定和解释。如果由审判机关自己解释，似乎就只能是：好办的有利的案件，自己规定、积极受理；对不好办的案件，则规定不予受理，将其推向社会。

最后，加强宗旨意识。我们的法院是人民的法院，更应当为人民服务、为人民分忧、为人民着想。如果我们自己规定，把符合起诉条件的明明存在并承认造成了精神损害的受害人堵在人民法院之外，我们让他们到哪里去起诉，到哪里去解决自己不能解决的问题呢？如果我们对此真的能感到心安理得，那我们只能说我们自己的眼睛也花了……

至此，可言而总之：

外行存心乱考量，矛盾重重久迷茫。
条条路径讨公道，公平正义在何方？
一片诚心多言语，几点私见少文章。
法治信仰欲树起，法律法规须榷商。

正义是什么？“正义是给予每个人他应得到的部分的这种坚定而恒久的愿望。”我们的法律规定做到了吗？

漫议“非公益性用地退出征地范畴”

柳经纬*

来自国土资源部的信息称，2012年5月22日，国土资源部部长徐绍史主持召开了第13次部长办公会，提出“要缩小征地范围，控制征地规模，积极稳妥推进缩小征地范围试点工作，让明显属于非公益性的用地退出征地范畴”。

在当下因征地引发的“官民”矛盾和冲突日趋激烈的形势下，这是一个颇具安慰性的信息。它至少表明，政府愿意采取积极的措施，来缓解因征地尤其是非公益性征地引发的社会矛盾和冲突。

然而，问题是，在现行体制下，“非公益性用地退出征地范畴”是否具有可行性？如果要让“非公益性用地退出征地范畴”，应该怎么办？

一

82宪法第10条规定：城市的土地属于国家所有；农村和城市郊区的土地，除由法律规定属于国家所有的以外，属于集体所有。这是我国宪法第一次规定了二元土地公有制，即国家土地所有制和集体土地所有制，此前的54宪法、75宪法和78宪法均无此项规定。

从学理上看，82宪法的这一规定可作两种解释。第一种是：宪法制定于1982年，宪法关于土地公有的规定仅是对宪法制定之时城市土地和农村土地归属的确认；第二种是：宪法关于土地公有的规定不仅是对宪法制定之时城市土地和农村土地归属的确认，也确定了宪法颁行之后城市土地的

---

* 作者为中国政法大学教授。

归属，即城市土地只能是国有，即便城市扩张了，其所到之处的土地也必须国有，而不能是集体所有。

对此，《土地管理法》第 43 条第 1 款规定，除了兴办乡镇企业和村民建设住宅以及乡（镇）村公共设施和公益事业建设可以使用集体土地外，“任何单位和个人进行建设，需要使用土地的，必须依法申请使用国有土地”。这也就是说，即便是在城市扩张需要增加建设用地时，也只能使用国有土地，集体土地不能直接用作城市建设用地。因此，宪法第 10 条应作第二种解释才能符合现行的法律安排。

按照第二种解释以及《土地管理法》第 43 条第 1 款规定，意味着国家（政府）在法律上垄断了城市建设用地的供应，从而排除了集体土地直接用于城市建设之可能。当下各地普遍存在的“小产权房”之所以被认为不具有“合法性”，其原因就在于它直接损害了国家（政府）对城市建设用地的垄断权。

二

在二元土地公有制下，土地要么是国有，要么是集体所有，不存在着第三种情形。因此，在城市土地只能国有，城市建设用地必须使用国有土地的制度安排下，城市扩张所需新增土地的来源只有一种途径：将集体土地变为国有土地。因此，城市扩张也就意味着国有土地增加和集体土地相应的减少。

将集体土地变为国有土地的途径可以有多种，既可采取交易方式购买集体土地，亦可采取“以地换地”的互易方式，用位于农村的国有土地换取城市规划范围内的集体土地。当然，由于国家（政府）掌握着公权力，还可以采取强制的方式，如通过立法和行政手段将集体土地变为国有土地。前者如 82 年宪法，国家立法机关通过一个法律条文，就将城市范围内的所有非国有土地变为国有土地，甚至用不着向失去土地的权利人支付任何补偿。后者如政府依据城市规划，将规划所到之处的集体土地实行强制性征收（过去称征用），使之成为国有土地。

在现行法律体制下，政府将集体土地变为国有土地所采取的方式，既不是购买也不是互易，当然也不合适采取立法的方式，而是采取强制征收的方式。82宪法第10条第3款原规定："国家为了公共利益的需要，可以依照法律规定对土地实行征用。"2004年修改为："国家为了公共利益的需要，可以依照法律规定对土地实行征收或者征用并给予补偿。"与原规定不同的是将"征用"改为"征收或征用"，再就是加上了国家（政府）应给予被征收人以"补偿"。《土地管理法》（第30条）和《物权法》（第42条）也都有此规定。

征收是一种行政行为。根据《物权法》第28条规定，因政府的征收决定导致土地权利变动的，自政府的征收决定生效时发生效力。这也就是说，政府一旦对土地作出征收的决定，那么该决定生效之时，被征收的土地立即归国家所有，被征收人一句话都没得说，更不用说进行讨价还价了。至于"补偿"，也是国家说了算，这就是国家立法机关通过的《土地管理法》第47条所规定的"按照被征收土地的原用途给予补偿"。

因此，在现行体制下，城市扩张所需新增用地的唯一途径也就是国家（政府）对集体土地的强制性征收。除此之外，别无途径。《土地管理法》第43条第2款紧接第1款关于城市建设必须使用国有土地的规定，进而规定："前款所称依法申请使用的国有土地包括国家所有的土地和国家征收的原属于农民集体所有的土地。"也直接表明了城市扩张所需建设用地的来源。

三

82宪法和《土地管理法》《物权法》均规定，征收农民集体土地必须基于"公共利益"。因此，非基于"公共利益"而征收集体土地则属违法行为。既为违法征地行为，就应属于法律所禁止之列。然而，国土资源部的信息是政府正在考虑让"非公益性用地退出征地范畴"。这也就是说，目前"非公益性用地"还在"征地范畴"之内。从法律上看，这显然是对违法征地行为的一种认可，或者至少是一种默许。作为国家土地管理部门，对政府的违法征地行为，表示一种默许，尽管原因有多种，实在不是法治社会所应存在的。

然而，问题还不仅在于此。在现行法律体制下，征收是城市新增建设用地的唯一途径，国土资源部所谓"非公益性用地退出征地范畴"本身就不具有可行性。因为，在城市规模不断扩张（这是国家推行城市化政策的必然）的情况下，城市建设不可能单纯是公益性的，也有大量的非公益性建设，如商业区建设、住宅区建设、工业区建设等等。公益性建设需要土地，非公益性建设同样需要土地。如果让“非公益性用地退出征地范畴”，那么这些非公益性建设用地从哪里来？当然，这里有一种可能性存在，就是城市扩张中，只有道路、公园、学校、医院这些公益性建设，而没有商业区、住宅区这些非公益性建设。由于没有非公益性建设，自然也就不需要非公益性建设用地，这样也就自然“退出征地范畴”了。然而，这种城市实在不可想象。由于国土资源部的信息并没有指明“非公益性用地退出征地范畴”后，非公益性建设用地从何而来，因此，我们实在不清楚，在现行体制下，国土资源部如何让“非公益性用地退出征地范畴”？

在现实生活中，人们看到的是，伴随着城市化步伐的不断加快，政府大量征收集体土地用于城市建设，其中又有大量的土地被用于非公益性的商业开发。而在这一过程中政府通过“低价征收、高价出让”的方式，从征收集体土地和出让土地使用权中获得了巨大的经济利益。即所谓“土地财政”或“卖地财政”。国土资源部2011年5月发布的《国土资源“十二五”规划纲要》表明，2006～2010年，政府通过出让土地获得出让金高达7万亿元；另据媒体报道，许多地方政府卖地收入占其财政收入比重最高可达到80%以上（于猛：《经济热点：土地财政不可持续》，载人民网，访问时间2012年5月13日）。正是由于征收集体土地用于商业开发有着巨大的经济利益，政府才会对征地有如此的热情，如此的亢奋，甚至于不惜冒引发“官民冲突”、“丢乌纱帽”的政治风险。因此，我们难以想象，如果“非公益性用地退出征地范畴”，征收的土地只是用于公益性建设，政府是否仍保有像现在一般的征地热情。如果没有了现在这般征地热情，那么“非公益性用地退出征地范畴”也就没有了实质性的意义。

因此，笔者认为，在不改变现行体制的情况下，“非公益性用地退出征地范畴”实际上不具有可行性，或许这只是国土资源部暂时缓解公众对政府征地行为不满的一剂安慰剂。

按照以上的分析，笔者认为，要让“非公益性用地退出征地范畴”，必须彻底改革现行土地制度，即：废除宪法关于城市土地国有和农村土地集体所有的规定，废除《土地管理法》关于城市建设必须使用国有土地的规定，打破国家（政府）对城市建设用地的垄断地位，允许在城市规划范围内的集体土地直接用于城市建设，尤其是用于非公益性建设用地，以满足城市化过程中非公益性建设用地之需，从而避免将来的城市变成只有道路、公园、学校、医院等公益性建设的畸形城市。

制度侵权与社会福利

柯华庆 *

民法上，侵权行为是一种行为人实施的过错行为，也就是一个主体对另一个主体的侵犯。按照科斯的相互性理论，传统的侵权法掩盖了选择的实质。甲与乙之间的侵犯与被侵犯关系首先只是一种关系，到底是甲侵犯乙还是乙侵犯甲是由规则来决定的，所以，科斯认为，必须决定的真正问题：是允许甲侵犯乙，还是允许乙侵犯甲？我们正是以一种价值标准来做出这种选择，不管这种价值是效率还是正义。在法治社会正是以法律制度来做出这种选择。只有在法律制度下才有侵权与否的决定，所以我们可以说，侵权总是制度下的侵权，没有制度就没有侵权，这就是制度侵权理论。举例来说，现在在我国生育一个孩子不算侵权，而生两个孩子就算侵权，所以要交社会抚养费，那是由我国的计划生育法决定的。然而在计划生育法之前，生多生少都不是侵权。不同国家的不同生育制度也说明了这一点。制度侵权理论对于法律人来说最大的启示在于：不会将法律奉若神明，法律只是实现社会或者国家目标的工具，不同时空下的目标不同，法律制度也可能不同。也就是说，法律是可变的。我们可以用制度侵权理论来论证社会福利制度的正当性。

福利国家的实质

按照米事亚 (R.Mishra) 的定义，福利国家是指国家承担提供福利的责任并且通过立法和其他宪法手段建立机制——由相关机构和程序来提供服务

* 作者为中国政法大学教授。

和其他形式的福利以满足基本需要。在具体的操作上由政府代表国家提供福利。表面看来，福利的提供主体是政府，实际上，政府只是一个中介机构，真正提供福利的是国民，其基本途径来自于税收。如果税收来自于福利的接受者的话，那么政府提供福利就是多此一举，甚至造成了社会财富的浪费。社会福利的提供者与接受者并非同一个主体，一般情况下，福利的提供者是富人，而福利的接受者是穷人。所以，福利国家的本质是一种通过国家手段实现富人向穷人的财富转移机制。

福利制度的三种理由

国家作为力大无比的利维坦，似乎想做什么就可以做什么，国民只能用脚投票。现实中，福利国家的富人为了表达对财富转移机制的不满而移民他国的事情多有发生。但是，国家只是人民的化身，国家必须给予财富转移机制以正当性说明才能赢得人们的信任与支持。富人为什么应该提供给穷人福利？在很多人看来，是基于同情心或者怜悯心，这是一个道德上的正当性。也许很多富人确实是基于此类道德情感，但是对于其他没有这种情感的人来说我们没有理由对其征税，更成问题的是，福利的道德解释将福利解释为富人对穷人的仁慈，在人格上穷人比富人低一等，这恐怕是福利的接受者难以释怀的。另一种正当性论证是后果主义的，其认为：福利肯定是有利于穷人的，同时福利政策能够缓解贫富差距，使得社会不至于分裂，对社会安定是有益的，从长远来看也有利于富人。该理论以制度的结果是否有利于制度中的人们为标准，其解释力是强大的。但是，后果主义的解释使得富人提供福利成为无奈之举。第三个正当性论证是社会福利最大化。按照边际效用递减原理，富人的一块钱比穷人的一块钱的效用低，因为富人的一块钱可能买奢侈品，而穷人的一块钱买生活必需品，这样一来，将富人的一块钱转移给穷人符合社会福利最大化原则。以功利主义标准来判断，这确实是一个好的论证，但是，富人的一块钱不管效用多么小，是他自己的事情，不能成为他自愿转移给穷人的理由。由此，上述三种理由都不是正当性论证。

制度侵权与制度公正

我们要解决社会福利制度的正当性必须追根溯源，也就是富人怎么来的？穷人又是怎么来的？穷人和富人只不过是制度的产物，从宪法到房地产政策无不如此。

每个制度都有其胜利者和失败者，因为制度通过分配机制决定了竞争的起点和竞争的规则，不管是市场制度还是计划制度都是如此。计划制度是赤裸裸的利益分配机制，而市场制度有利于资源的占有者和熟悉市场规则的聪明人获得更大利益。而一个崇尚武力的国家则意味着暴力和勇气是分配的标准。既然有胜利者，自然就有失败者，失败者也是制度的失败者，而并不表明其天经地义就是失败者，失败者没有得到资源的根源在于制度。用经济学语言来说，就是一部分人承担了制度成本，另一部分人得到了制度收益。法律中的“侵权”（tort）是指侵犯法律规定而非合同约定的权利，并导致诉权产生的不法行为或损害行为。自然状态下，张三打了李四，不存在是否侵权问题，只有在法律规定的情况下才有张三侵权或者李四侵权问题。怎么会有李四侵权问题？我们可以设想是李四激起张三打他，而张三的手受到损害。并不是某个人在侵权，决定侵权的永远是制度。我们说某个人或者某个单位侵权了只是某个制度规定的结果，换一种制度可能情况正好相反。在美国历史上，自由竞争曾经是侵权行为，你优越的竞争力侵犯了他人的利益。后来美国人发现自由竞争能够带来社会利益最大化才规定垄断是一种侵权。在法律上，侵权产生诉权，被侵权方可以要求补偿。制度产生的侵权只有找制度补偿，当制度能够将各方利益充分平衡，该制度才是公正的，因为该制度“手心手背都是肉”。

不同制度下的胜利者和失败者是不同的，在一种制度下是胜利者，可能在另一种制度下会成为失败者。例如，以关系取胜、以智力取胜、以努力取胜和以暴力取胜各不相同。

社会福利的合作理论

根据制度侵权理论，我们可以提出社会福利的正义性论证。按照西塞罗的观点，正义是使得每个人获得其应得的东西，我们需要论证社会弱势群体享受福利是其应得的东西。以劳资关系为例，劳资关系是一种合作基础上的冲突关系，劳方与资方结合在一起的前提是合作剩余的存在，同时在对于合作剩余分配的多少上表现为冲突。（柯华庆：《集体谈判制度：博弈论视野下的劳资关系》，载于《学习时报》第553期）表面看来劳资关系是一对一的关系，实质上劳资关系是一对多或者多对多的关系，不同的劳资双方的合作剩余是不同的。我们假定张三为资方，而李四和王五是劳方。张三和李四之间的合作剩余是2个单位，假定他们平分合作剩余，那么张三和李四分别得到1个单位。王五的能力比李四强，张三和王五合作能够产生4个单位合作剩余，张三和王五平分的话，张三和王五能够分别得到2个单位。在没有王五时，张三和李四能够从合作中获利，但是因为王五的存在，张三作为理性人就会选择与王五合作，而不会与李四合作，这就是竞争社会的基本运作。竞争确实能够提高社会效率，但竞争对于在竞争中处于劣势的人们来说是一个侵犯。经济自由主义者认为在竞争中败北的人们是活该。我们认为，竞争只不过是制度正当化的行为而已，并非天经地义。竞争有各种类型，在李四和王五的竞争中，王五的技能高于李四，从而王五在竞争中获胜，但是李四有可能在体力上高于王五，李四可以采取暴力手段打败王五，从而能够与张三合作得到自己的1个单位合作剩余。竞争是否具有正当性来自于制度，不同制度下的竞争合法性不同。当然我们不主张暴力手段的竞争，尽管在国家的某个阶段和在某些社会，暴力竞争仍然存在。我们只是说明，在不同的竞争正当化制度下获胜者是不一样的，现行社会中的胜利者只不过是现行制度的受益者而已，并非天经地义他应该得到那么多。正像李四一样，制度下的失败者并非没有愿望或者没有能力为社会做贡献，只不过是竞争制度剥夺了其为社会做贡献的机会。另一方面，《新约·马太福音》中预言社会运作机制会产生“马太效应”：凡有的，还要加给他，叫他有余；没有的，连他所有的也要夺过来。在中国城乡之间、地区之间以及社会各阶层之间，贫富差距越来越大，形成了一种"马太效应"：穷者越来越穷，富者越来越富。不管是制度还是社会机制所产生的"马太效应"都说明富人的财富并非其能力或者劳动所得。我们赞成市场制度，自由竞争确实能够使得社会财富最大化，但是，市场制度的自由竞争侵犯了在竞争中败北的人们。制度公正要求对于制度侵权进行必要的补偿。所以，某制度下的受益者补偿该制度下的受害者也是正当的。给予某个制度下的弱势群体以社会福利只不过是该制度下的弱势群体通过授权该制度的正当性所交换而来的，包含社会福利在内的制度只是该制度下强势群体和弱势群体的社会契约，否则，制度下的受害者就可能挑战该制度，通过斗争，使其向有利于自身的方向发展。由此看来，社会福利根本不是富人的仁慈所致，富人与穷人之间是平等的契约关系，社会福利只是穷人得到了其应得的。我们将该理论称为社会福利的合作理论。

逻辑：法律写作的要旨

朱伟一 *

洛宾王的《讨武檄文》开宗明义，说明了讨伐武则天的理由："伪临朝武氏者，性非和顺，地实微寒。"美国《独立宣言》也是开宗明义，说明了独立的理由："我们认为这是不言自明的真理：人人生而平等，造物主赋予他们不可剥夺的权利，生命、自由和追求幸福。" 两句对比如何？《讨武檄文》的第一句以人身攻击为主。事实上，《讨武檄文》通篇以人身攻击为主，像"狐媚偏能惑主"，像"豺狼成性"。相反，《独立宣言》则强调自身的个人价值，试图创建新的理念。中美经典范文确有不同之处。当然，也不能说美国的《独立宣言》就更好。说到底，《独立宣言》也是鼓励人们造反。中国权贵造反，大多打出勤王或清君侧的旗号，美国权贵造反则打出小民的旗号，但都是要造反。

一、檄文：中国式说理

民国期间，各路军阀相互讨伐，也产生了大量的战斗檄文——出自师爷之笔的文言文大批判文章，以通电形式发出，相当于今天的公开信或微博短讯。民国期间那些擅写檄文的师爷们，还有"文革"中那些擅写两报一刊社论的，大多长于文言文，《古文观止》中的文章他们烂熟于心。不过，今天在抨击和谴责的时候，我们仍然会感到古文有点词不达意，所以我们又更上一层楼，有更为激烈的语言，像"敌人不投降我们就叫他们灭亡"，还有，"谁反对毛主席，我们就砸烂他的狗头"。总之，檄文是中国式的说理，

* 作者为中国政法大学教授。

至少是中国式说理的一种重要形式。

法律文书不能这样横冲直撞，以法说理更多的是平铺直叙。但也有例外，美国联邦杰德·雷科夫（Jed Rakoff）法官对资本市场的鱼鳖深恶痛绝，在判决书中称美国证券委员会和美国银行都是“玩世不恭”。中、英文中“玩世不恭”一词虽是贬义词，但贬义的程度有限，可见判决书中法官说话比较含蓄，点到为止，不会直言声讨。但雷科夫法官觉得意犹未尽，在判决书中又引用了爱尔兰剧作家奥斯卡·怀尔德（Oscar Wilde）的名言：“在玩世不恭者的眼中，一切都有价钱，但他心中并无任何价值。”

檄文是临阵叫骂，只求痛快淋漓即可，无需说服对方，写起来难度并不大。法官判决则是居高临下，下笔本来无需太多踌躇，然而要想说服对方或有求于对方，下笔就自然困难。但汉语也有好的范文，邓小平有封给毛主席的信，堪称经典，节选如下：

> 我在毛主席的关怀下，到江西来整整两年了。这两年，我们的生活，由于组织上的照顾，没有什么困难。
>
> 我个人没有什么要求，只希望有一天能为党做点工作，当然，是做一点技术性的工作。我的身体还好，还可以做几年工作再退休。报上看到我们社会主义祖国在国内建设的突飞猛进和国际威望的空前提高，都使我心情激动起来，想做点事，使我有机会能在努力工作中补过万一……[1]

这是一封要求复出的信，但写得很平实、不卑不亢，字斟句酌、非常得体。相比之下，李密的《陈情表》便显得虚情假意。什么“臣生当陨首，死当结草”，什么“臣不胜犬马怖惧之情，谨拜表以闻”，不仅是华而不实，而且有卖弄之嫌。好在当时的皇上比较有雅量，没有治李密一个欺君之罪。当然，邓小平是谋求复出，而李密则是婉拒高官，但李密还是不诚恳，还是有欺君之疑；即便李密准备慷慨就义，誓死不事新君，《陈情表》还是不够严肃。

---

[1] 熊诚：《邓小平在江西的非常岁月》，载《中国作家》2007年第1期。

二、“拿文章来达意，现在一般的中国人做不到”

或许是因为在甲骨或青铜器上刻字不易或是为了节省竹简和绸帛，中国古代文人惜墨如金，文章大多是微言大义。中国古代文人的文章与中国水墨画有异曲同工之处：虚虚实实、真真假假。比如，《桃花源记》就是这个意思：大而化之，虚无缥缈。相比之下，柏拉图的《理想国》就要精细、精准得多。现代法律文书或法律文章则更像学院派的油画，需要精细地描绘，无法一挥而就，无法倚马可待。须知，律师考虑的问题比较复杂——问题不复杂就不用找律师。如果是诉讼，还要揣摩对方可能想出来的理由，有的放矢地阐述自己的立场。所以律师写文章，需要反复修改。律师写作是空间有限度想象发挥。

从正面说，汉语是诗意语言。中国文学的灿烂之处是唐诗宋词。但法律叙述要求平实，貌似公正，而这并非汉语所长。汉语不用成语，不用四字结构，总让人感到意犹未尽。我们不仅要求自己有诗意，甚至要求外国人也有诗意，要求他们也使用四字结构，请看电影译名：《冰海沉船》（*Titanic*）、《魂断蓝桥》（*Waterloo Bridge*）、《廊桥遗梦》（*Madison Bridge*）、《乱世佳人》（*Gone with the Wind*），还有《北非谍影》（*Casanblanc*）。但法律文书中忌用成语和四字词语。法院的判决书中，这些美丽的成语通常是一个也不出现，一般公文中也很少用。成语很难用，容易引起歧义，中小学生用不好，大学生也用不好，博士生和博士也是用不好。总之，谁都用不好。对此，鲁迅有中肯的评论：“……拿文章来达意，现在一般的中国人做不到。这也怪不得文明；因为那些文字，先就是我们的祖先留给我们的可怕遗产。人们费了多年的功夫，还是难于运用。”[1]现代汉语依旧大而化之，很多法律论文比较玄秘，时有禅语出现，而人们的文章却越来越长，句子也越来越长。

---

[1] 鲁迅：《三闲集》，人民文学出版社 1973 年版，第 5 页。

三、法律分析之忌

法律文章与檄文不同。檄文讲究慷慨激昂，像“班声动而北风起，剑气冲而南斗平。喑呜则山岳崩颓，叱咤则风云变色。以此制敌，何敌不摧？以此图功，何功不克？”（洛宾王：《讨武檄文》）相反，法律文章则需要精准。其实，我们下级呈报上级的公文中倒是有很好的范文，与法律文章有异曲同工之处，至少与法律文书有异曲同工之处。上级对下级发号施令，尽可以随心所欲，但下级向上级汇报，却非得把问题说清楚不可。上级给下级发文，如果语意不清，那是高深莫测，而下级给上级呈文，如果语意不清，那就是犯上。其实，若能做到语句通顺、用词准确、意思清楚，那已经是刀笔吏中的高手了，可以写出上佳的法律文书。

法律写作需要训练。即便是美国名校的本科毕业生，上法学院后对写作仍然有一个适应过程，最好是有人悉心指导。习画和学音乐都需要一对一的指导。写作指导也应该这样，写作也是艺术，也需要一对一的悉心指导。但法学院无此资源，至少我学习的美国哥伦比亚大学法学院无此资源。哥伦比亚大学法学院找了几个在读的法理学博士充当讲师。这些所谓的讲师完全是三心二意，改作业敷衍了事，根本做不到一对一的辅导。

法律写作与其他文科专业的写作有很大差别。平铺直叙多、诗情画意的少；少用形容词，多用动词；多逻辑、少修辞。当然，到了顶尖高手一级，那又是殊途同归了：美国大法官的判决书又有了诗情画意。法官，尤其是美国最高法院的大法官，高高在上，可以随心所欲，纵横驰骋，不用担心判决书写得不清楚，反正律师会循环细读，用心领会。写得太清楚了反倒不好：法官少了神秘感不说，律师也少了赚钱的机会；美国律师是按小时收费，解读判例的时间少了，收费自然也会减少。

在法律文书或法律文章中常有类推（analogy），由此及彼，由表及里。比如，在 1999 年的得克萨斯诉约翰逊（Texas v. Johnson）案中，约翰·斯蒂文斯（John Stevens）大法官就把亵渎国旗比作在纪念碑上涂鸦或向纪念碑投射标语；斯蒂文斯大法官借后者为不法行为类推前者是不法行为。但类推时常混淆两类不同的矛盾，斯蒂文斯大法官的类推似乎就混淆了两类不同性质的矛盾：纪念碑是公共财产，而被告亵渎的是自己的国旗——亵渎他人的国旗则另当别论。

法律文书应当言简意明。莎士比亚将言简意明又上升到了一个新的高度，称："简洁是机智的灵魂。"文字简洁就是洗练，英文是"neat"，没有多余的赘词。但重要的问题必须反复强调。比如，宪政的问题美国就是年年讲、月月讲、天天讲。简洁与重复是一对矛盾。一般来说，文章忌讳重复，重复容易让读者生厌。但重要问题需要反复讲。重要的问题不怕重复，而且必须反复重复：主旋律必须反复出现。但主旋律必须有变化，贝多芬就有这样的本领，在他的指间主旋律有无数的变奏。这方面法律与音乐有异曲同工之处。时下的文章长却无变化，颠三倒四，东拉西扯，作者受得了，读者却受不了。

事实很重要，法律文书对事实轻举轻放，话不说得那么肯定："都是"或"全部"最好改为"大多"或"大部分"；"必然"或"肯定"可以改为"想必"；"任何人"或"所有"最好改为"绝大部分人"或"大部分人"。说话留有充分的余地是法律写作的一条重要原则。比如，不说"我们认为A公司没有可能毁约"，而是说"我们没有理由认为A公司可能毁约"。

准确使用标点符号也非易事。汉语原先并无标点符号，逗号、句号、引号、问号、分号和冒号都是近代从西方引进的。古汉语借助意群断句，而意群又以成语和其他四字结构词语为主。四字结构一多，汉语念起来便铿锵有力、朗朗上口，但大多主谓不分，意思并列，听者不得要领。借助标点表述，可以免去读者的痛苦。一般来说，句子越短越好，可以用逗号用逗号，句号不合适就用逗号。法律文书还忌用问号，忌用反意问句；如果自己都有疑问，那就难以说服其他人了。

四、重在分析

法律写作重在分析。什么是分析？按照《现代汉语词典》的解释，分析指把一件事物、一种现象或一个概念分成较为简单的组成部分，找出这些部分的本质属性和彼此之间的关系。分析最初是一个科学名词，指详细研究事物的各种要素和结构，也指将化合物分成化学元素。分析还有一种简单的定义，那就是凡事多问几个为什么。[1]

争辩也是一种分析，即通过既定事实或假定事实，提出符合己方利益或看法的各种可能和观点。假定事实问题是A、B，而法律问题是C、D，那么律师的任务就是将A、B与C、D挂钩，并得出自己的结论E、F、G、H。事实的组合与排列、法律的不同组合与排列，再加上事实与法律的不同组合与排列，可以是无穷变化的魔方。这正是律师的技巧所在，也是律师工作的乐趣所在。

同样的事实，可以得出截然相反的结论。观点放在事实之前与事实之后也有差别。观点在事实之前变成了提纲挈领的论点，需要事实支撑。观点越重要，相关事实就必须越有力；观点越是标新立异，用来支撑观点的事实就必须越多。相反，置于事实之后的观点的分量则轻得多，可以是由事实得出的结论，也可以是对事实的一种解释。

分析需要讲逻辑关系，而汉语不讲逻辑关系，至少是形式上不讲逻辑关系。比如，北京地铁站内有一段人们耳熟能详的广播："现在是高峰时间，上下车的乘客较多，请站在黄线后面耐心等待。"此话反推就有问题：倘若地铁站内人并不拥挤，乘客是否就无须排在黄线后等候。同样的例子还有《电梯安全须知》："非电梯工作人员，严禁乱按操作部位。"仔细推敲的话，这句话就有问题了：非电梯工作人员不得乱按操作部位，那么电梯工作人员是否就可以"乱按操作部位"。完全可以省掉"非电梯工作人员"几个字。现代汉语啰嗦，啰嗦便容易画蛇添足。

汉语讲究并列和对仗，但不讲究上下文之间的逻辑关系，章回小说中的章回标题是典型例子。比如，《三国演义》第四十六回的标题是："用奇谋孔明借箭，献密计黄盖受刑。"草船借箭与黄盖受刑是并列关系，只有先后次序之分，没有上下因果关系。对联也是这样，有并列关系而没有逻辑关系。比如，上联"说你行你就行不行也行"，下联"说你不行你就不行行也不行"。但有时对联加上横批便有了逻辑关系或内在关联。同样是"行与不行"的上下两联，如加上"不服不行"的横排，就有了"不服不行"的结论。

---

[1]中国社会科学院语言研究所词典编辑室：《现代汉语词典》，商务印书馆1999年版，第369页。

现代汉语中常见“因为”“所以”，尽管上、下文之间并无因果关系。注意一下就可以发现，汉语中“所以”用得越多，上、下文之间就越没有逻辑关系——这种现象在口语中更为常见。其实，“因为”“所以”是汉语中的外来词，古汉语中并不见“因为”“所以”。汉语靠上、下文显示因果关系，无须出现“因为”“所以”。

不讲逻辑的另一面是没有思辨。而思辨的一大前提是假设对方的观点有可能是正确的，即便是在批评对方的观点，也假设对方的观点是正确的，再找出对方观点的矛盾之处。其实，律师是两面都能说，只要客户付费，律师就可以黑白颠倒——黑白颠倒之后还是黑白。律师无须讲良知，尽管许多律师内心深处有良知。法官和学者必须讲良知，至少必须表面上讲良知，至少必须表面上讲对错，不能随意变换立场。尽管如此，法官论证判决，学者著书立说，都必须两面都说，否则就不存在分析。

总的来说，中国人不善于表达，缺少这方面的训练。比如，我们只会歌颂，不会赞扬。我们的文章大多是空话、套话和废话，很少接触实际问题，更不接触要害问题。分析也是提出问题，解决问题的前提是提出问题。这是比较要命的，而且并不是技巧所能够解决的。

2011 年，那个“限”字让我浮想联翩

刘桂明 *

如果有人问，在已经过去的 2011 年给我留下印象最深刻的年度词汇是什么，我会毫不犹豫地选择“限”字。

可以说，一个“限”字，道出了 2011 年中国百姓的焦虑，说出了中国社会的焦灼，喊出了中国管理的焦躁。

让我们一起来看看，在 2011 年究竟有多少“限”字蒙住了我们的眼，遮住了我们的耳，羁绊了我们的心……

一个“限购”究竟限制了什么?

继 2010 年京、沪版“国八条”执行细则出台之后，2011 年新一轮“限购风”在全国如火如荼地铺开。从 2010 年 2 月开始，除了北京与上海，南京、青岛、济南、成都、南宁、贵阳、太原、长春、哈尔滨等 30 多个城市纷纷出台了落实“新国八条”的有关调控细则。

各省市的限购细则虽然各有特色，但提高户籍门槛是很多城市执行限购的重要手段。其中门槛最高的是北京，“京版 15 条”中明确规定“对无法提供北京市有效暂住证和连续 5 年 (含) 以上在北京市缴纳社会保险或个人所得税缴纳证明的非北京市户籍居民家庭，暂停在北京市向其售房”。后来，其他很多城市虽然都效仿北京“限外”的做法，但是并没有把门槛抬得很高，多以“提供 1 年以上 (含 1 年) 纳税证明或社会保险缴纳证明”为标准。看得出，各地如此“限外”在目前是不得已而为之。

那么，“限购”究竟限制了什么? 又限制了谁?

住房限购如此费尽心机，汽车限购同样也是绞尽脑汁。

---

* 作者为中国法学会《民主与法制》总编。

临近2010年岁末，一纸有关自2011年开始实施的《北京市小客车数量调控暂行规定》正式出台，宣告了“汽车限购时代”的到来。其看点主要有两个方面：一是实行总量年度控制；二是将研究制订交通拥堵收费方案。2011年度小客车总量额度指标为24万个(月均2万个)，个人占88%。每月26日实行无偿摇号方式分配车辆指标。对于外地人，“限购令”要求购车需连续5年以上缴纳北京社保和个税的证明；港澳台居民、华侨及外籍人员只需1年居住证明。此外，外地牌照交通高峰时段禁行五环路(含)以内。

北京如此迫不得已而采取的限制汽车消费政策，已实际影响到京城的购买人气和热情，直接影响了首都的GDP，也间接冲击了脆弱的国产汽车业。长此以往，如果“限购令”蔓延至全国，对于我国汽车业将是一个致命打击。但是，如果不限购，那么北京又将是一座什么样的城市呢？

如果说“限购”影响了汽车销售，那么“限号”呢？答案是未必，因为有的家庭还可以再购一辆优哉游哉。

发端于2008年奥运会的单双号限行，让首都管理当局尝到了甜头。于是，首都群众自由行的日子就再也回不去了。时光进入２０１２年，又一轮机动车尾号限行措施将于4月到期。据官方称，此后将继续实施机动车工作日高峰时段区域限行措施和非本市客车工作日早晚高峰区域限行规定，同时继续实施小客车数量调控措施。

究竟是限行还是限号，到底是临时性措施还是常态性安排，其实当局者也未必心里有数。

同样心中无底的还有那个谁也看不明白的“限娱令”。

在湖南卫视“快女”评选如火如荼之时，在江苏卫视“非诚勿扰”人气居高不下之际，广电总局却摆出了一副家长的姿态，冷不丁出台了一道新政“限娱令”，要求各地方卫视从2011年7月起，在下午五点至晚上十点之间的黄金时段，娱乐节目每周播出次数不得超过三次。

这一政策被媒体提前曝光之后，迅速引起连锁反应，各大卫视见招拆招。他们在保持优势节目的同时，将旗下娱乐节目资源进行了大规模的重组和调整。其中，原有节目的去娱乐化，新节目打擦边球等方法均是层出不穷。

媒体分析，各大卫视对该限令的出台心态不一，大致上可分为两大阵营。其一是以湖南、江苏、浙江、上海等娱乐节目强势为代表的地方卫视，因为这些卫视目前在结构上已经建立起了一套比较完整的娱乐节目研发机制，而且正值年中时节，上半年研发的大批新节目都已经箭在弦上，有不得不发之势，不料却突遇如此政策壁垒，简直如鲠在喉分外难受；而其他地方卫视由于原本就不是走娱乐路子，自身的娱乐节目本来就不多也不强势，因此普遍对这一政策抱以支持的态度。

实际上，从中央电视台到上星地方台，都存在着娱乐类节目上出现的这样或那样的问题。如此政策的出台，能否把社会效益与电视台利润平衡起来，实现社会效益和经济效益的有机统一，建立科学客观公正的节目综合评价体系，还需要观察与期待。

“限购”也好，“限娱”也罢，都是一种潜意识习惯之中的公权力对私权利乃至社会权利的限制行为。我们反过来想一想，我们能否对公权力进行限制呢？换言之，公权力能否进行自我限制与自我约束呢？

让我们一起来看看饱受诟病的县委书记这种公权力吧。

毋庸置疑，县委书记岗位是腐败案件易发岗位之一。近年来，县委书记落马的消息可谓层出不穷。仅在安徽以阜阳为中心的皖北地区，就先后有 18 名现任和原任县委书记因腐败被查处，原因多是买官卖官。在湖南，原株洲县委书记龙国华、原道县县委书记易光明的落马，也再次印证失控的权力必然导致腐败。

权威评论员指出：权力是烈马，如果不系上缰绳，它就会变得无法驾驭；权力如野草，倘若不及时修剪，它就会疯长。对县委书记“削权瘦身”，就是给过分集中的权力系上缰绳，使其正确用权、规范用权。于是，我们欣慰地看到，各地开始出台一些规范县委书记职能、约束县委书记权力的规定。

但是，这种规定还只是一种党政规范，尚不具有法律效力。

在万般期待之中，在不断审议之后，具有法律效力的《行政强制法》终于在 2011 年 6 月 30 日，由十一届全国人大常委会第二十一次会议表决通过，并于 2012 年 1 月 1 日起开始施行。

如果从 1988 年国务院启动《行政强制执行条例》起草算起，行政强制法的立法过程，迄今早已超过 20 年。即使从 2005 年第一次审议算起，每隔两年一次的审议，也让行政强制法饱经了 6 年中的几度“起死回生”。正如媒体报道的，“每次都是在草案可能被终止审议的时候‘重启’审议”。

行政强制法如此漫长曲折、跌宕起伏的立法过程，说明了什么？全国人大常委会法工委有关领导一言中的，主要“意见分歧”在于——民众认为“规范（限权）力度还不够”，而行政机关则认为“授权还不够”，无疑正是根本症结所在。这正像北大教授姜明安直言的：“强制法多年难以出台的真正阻力也在于此，行政机关都知道，制定强制法是捆住了行政机关的手脚。”

那么，行政强制法究竟应该是更多地“授权”还是“限权”？专家认为，从理想角度看，当然应该是在“授权”与“限权”之间达成有机平衡——既充分向行政部门授权、维护公权力有效行使，又充分进行限权、确保公民私权利不受伤害。但在现实生活中，这种过于理想的平衡，显然很难完全达到。更真实的情况只能是：或者“授权”过多，威胁公民权益；或者“限权”过严，束缚了“行政机关的手脚”。如何在两者间进行取舍？

显而易见，在有关专家看来，答案应该就是：要“授权”，更要“限权”，“限权”永远高于“授权”。

因为这是一个“保障公民权利，限制政府权力”的最根本法治原则的必然要求。在法治的语境下，公民权利与政府权力的关系，永远只能是权利高于权力——权利主导派生权力、权力服务于权利。因此，当二者难以兼顾的时候，只能是“限权”优于“授权”。更不用说，“行政强制”又是一项威慑力极大、副作用相当明显的行政权力。众所周知，作为公民权利最基本内核的“自由”，最朴素定义便是“免于被强制”，这意味着，“强制”便是自由权利的直接丧失，如人身强制便是人身自由权的丧失，财产强制便是财产自由权的直接丧失。所以，要想充分保障公民权利、降低其副作用，关于行政强制的“授权”便不能不格外慎重小心，而相应的“限权”，又不能不格外严密到位。具体来说，这就要求，一方面必须严格规范“行政强制”的设定——尽量少设、且只能由国家法律设定；另一方面又必须努力限制“行政强制”的使用、严格遵循“最小伤害原则”——必须确保行政强制实施的适当性、必要性，并将其对公民的损害降低到最小范围。

应当说，这部法律的出台已经初步解决了一个世界级难题：如何在“自由”与“规范”之间寻求合理的办法？

其实，在这方面，湖南早就先行一步。2009 年 11 月，湖南省人民政府新闻办公室宣布，《湖南省规范行政裁量权办法》将于 2010 年 4 月 17 日起施行。规范行政裁量权将从制度上、根本上、长远上保障行政机关公平公正处理行政事务，维护人民群众的合法权益。其动作之猛，决心之大，行动之力，让人不仅联想起了“作茧自缚”这样一个成语。

在我看来，这样一个成语对 2011 年的年度汉字“限”来说，实在是一个精妙的注解。

一个“限”字让我浮想联翩，我想到了宪法之“宪”。其实，这个“宪”何尝又不是“限”字升华呢？

公权冷漠不除，社会冷漠难消

汤啸天 *

3 月 11 日，安徽省涡阳县 18 岁的高三女生小黎（化名）在回家路上遭遇歹徒，被打晕扔在沟里。12 日，当地警方接到群众报警后将小黎当流浪傻女，让民政办接走，民政办用灵车将她拉到邻县遗弃。13 日，奄奄一息的小黎被邻县群众和警方发现并送医院抢救。经医治，小黎虽已脱离生命危险，但是，因连续两夜被抛弃在野外严重冻伤，医生已经不得不截去其坏死的手指、脚趾。在被害人学的研究中，有“两次被害”“多次被害”的提法，叠加的侵害对被害人的摧残具有致命性，伴随小黎的将是终身残疾。更为重要的是，小黎在老百姓一再呼救的状态下仍然被抛弃在野外，即使其肌体的损伤得以治愈，在她内心深处还能够相信“人民政府爱人民”吗？在本案中，小黎的第一次被害是遭遇歹徒的暴力，第二次被害是因公安民警明知其生命存在而不予施救的渎职犯罪，第三次被害是被民政机构人员再次抛弃的渎职犯罪。客观地说，社会上存在刑事犯罪并不奇怪，但被害人在公权力机关接到群众报案之后惨遭抛“尸”就无法解释究竟是谁在见死不救了。

早在 2001 年的全国人民代表大会上，就有 32 名代表建议刑法增加“见危不救和见死不救罪”。2009 年，湖北荆州 3 名大学生为救两名落水少年溺亡，网上盛传渔夫“见死不救”，再次引发社会对见死不救立法的讨论。2011 年 10 月 18 日下午，广东省委政法委官方微博上就两岁女孩小悦悦先后被两辆车碾过，18 名路人没有伸出援手施救一事发出信息：“请停止冷漠，广东将开展‘谴责见死不救行为，倡导见义勇为精神’大讨论，问计于民，

---

* 作者为上海政法学院编审，上海市法学会副秘书长。

您在这里的建议将可能成为广东的政策法规！”毋庸置疑，谴责见死不救、倡导见义勇为是完全正确和十分必要的。但是，首先应当停止的是公权力对民众的冷漠。如果公权力对民众的冷漠不除，民众之间的冷漠就永远难消。这是因为，公安机关理应是民众足以依靠的盾牌，民政机关本该是爱与善的传播者。民众缴纳税金是用来获取公共服务的，当民众从公权力执掌者那里得到的只是冷漠时，再热的心也会冷掉。民众见义勇为的行为是建立在“无义务”前提之上的。在法律意义上，没有法定义务、没有合同约定的义务、没有先前行为所产生义务的人，为弘扬正义、救助弱者、抢险救灾而做出的勇敢之举，才能够被认定为见义勇为。见义勇为者的可贵在于，其在“无义务”的状态下，置个人风险于不顾，承担了本应由政府承担的打击犯罪、抢险救灾、救助弱者等责任。当公权力的执掌者一方面以冷漠对待民众，另一方面又企图以“见死不救入罪”的方式迫使民众见义勇为，所能得到的只能是冷漠的泛化和恶化。

据上海电视台“七分之一”节目组记者调查，发现小黎并立即电话报警的是65岁的农民蒋凤英。当地派出所的民警来到现场后，面对裸露下体的小黎，叫蒋凤英来回翻动小黎的身体，就算完成了现场勘验。更让蒋凤英诧异的是，她报告说小黎生命尚存只是受了伤，可是派出所的民警不但没有立即通知医生前来急救，反而打电话向领导汇报说发现的是个“傻子”，身份定性为不明来路的流浪人员，随即离开了现场。此后，蒋凤英先后拨打了“110”报警电话及派出所值班电话多达九次，直到晚上11点多，警察终于再度来到现场。令人震惊的是，第二次来到现场的警察，宣告小黎是已经死亡的流浪女，并叫来了民政部门的灵车，让蒋凤英祖孙二人把小黎抬上灵车。被拉上灵车的小黎，最终没有被民政部门送往火葬场，而是被再次丢弃到邻近的太和县二郎乡路边的沟渠当中。小黎又在野外冻了一夜，直到第三天早上，再次被附近的村民发现。也许是上天不忍心舍弃小黎，顽强的小黎在被抛弃到野外30多个小时之后，依然存活了下来。而再一次坚持报警和救人的，依旧还是当地的农民。这倒是应了一句俗话，“没有错误的群众，只有错误的官员”。如果接到群众报警第一次到现场的民警能够救助小黎，至少她手脚的冻伤坏死是完全可以避免的。现在的问题恰恰是，农民两次向公安机关报告小黎被抛弃在野外，老年妇女蒋凤英九次打电话才请到警察第二次到现场。无助的老百姓在公权力面前显得是如此的渺小。

应当承认，当前在社会成员中确实存在“事不关己、高高挂起”的风气，某些冷漠行为也确实令人发指。当我们谴责社会冷漠的时候，更有必要思考社会冷漠的根源何在。曾几何时，出勤不出力、出场不作为、出警不施救，已经成了某些公务员“混日子”的诀窍，公务员对待老百姓的冷淡、冷漠和蛮横已经司空见惯。小黎在遭受暴力侵害之后，又连续遭受渎职罪的侵害就是典型的例证。政府的所有权力都来自民众的授予，民众是以缴纳税金的方式取得政府提供的公共服务。当老百姓交的是真金白银，换来的却是公权冷漠，他怎么能够不以冷漠的态度对待社会呢？要知道公务员既是公共服务的具体提供者，又是民众行为的示范者。冷漠是一种传染病，而本性善良的民众居于整个传染途径的末端。当下的某些社会风气不好，追根溯源是公权力的“上梁不正”，“下梁歪”自然应予谴责，但要是把板子统统打到民众身上，只能是进一步强化“上梁不正下梁歪”的恶性循环。如果说，必须对见义不为者予以道德谴责的话，对具有法定义务公务员的渎职行为必须依法严惩，我国的政治体制改革必须全面推进。公权冷漠是社会冷漠的源头，社会冷漠只是公权冷漠的末端，舍本求末的治理不但效率极低，还会引起民众的进一步反感。

小黎第二次被抛弃的地方的特别之处是，它距离第一次被抛弃的地方大概不到 10 里路，但是在行政区划上却分属于两个地区。那里是亳州市的涡阳县，而这里是阜阳市的太和县。或许正是看中了这一点，为了减少责任和麻烦，涡阳县高公镇民政部门的工作人员才将小黎遗弃在这里。从管辖角度看，确实有一路之隔、一桥之隔的行政区划分界，当地公务员的“聪明”在于“涡阳出了事了扔到太和来，太和出了事了扔到涡阳去”。在“扔来扔去”的过程中，渎职变得没有痕迹，公务员渎职的责任被掩盖了。但民众看在眼里、记在心上，冷漠就像瘟疫传播开来。小黎在被公务员“扔来扔去”之中能够存活的确具有偶然性，但在“踢皮球”已经成为风气的公务机关，“扔来扔去”的做法已经是“低风险”的。要问警察为什么见死不救，还把小黎当做“皮球”踢给民政部门，民政部门为什么又把小黎当做“尸体”扔弃呢？这一过程说明，公务员的确是怕承担责任的，但公务员真正怕的是长官而不是百姓。作为基层公务员，平时把工作当做皮球“踢来踢去”已经习以为常，遇到身体赤裸躺在野外的小黎胆敢“扔来扔去”也就顺理成章了。任何精神正常的人都不可能无所顾忌，敬畏百姓还是敬畏上级，二者必居其一。敬畏百姓或者敬畏上级是现代法治社会或者“表面法治”社会的分水岭，对老百姓没有敬畏之心的政府一定不是好政府。老百姓能够用手中的选票给做官用权者套上“紧箍咒”，让做官用权者从“怕上级”转变为“怕百姓”，使之敬畏人民，这在我国还需要付出长期的艰辛努力。

但愿敬畏百姓不要成为“表面法治”又一句宣传口号，但愿小黎被公务员抛“尸”的悲剧不要重演！

德国见闻录

李　勇*

2010 年 7 月到 2011 年 8 月，我以洪堡学者的身份，在德国访学一年，也深切感受到了德国人的“高素质”。尽管许多人将其归因于经济水平，甚至是血统，但当深究其原因时，会发现高素质的背后总有着详细缜密、符合人性的制度作为支撑。

一、开车的学问——一个举止有度的社会

柏林是个国际化大都市，交通极其发达，地铁四通八达，而且多数情况都十分准时。虽然有的地方地铁 20 分钟一趟，但人们可以根据地铁到达时间安排出行，所以特别方便。准时的最大好处还在于它本身的规范性，赶飞机、坐火车、上班、开会、聚会，何时出发、何时到达都是可以预期的，可以真正享受“时间由你掌控”的感觉。因此在柏林总感觉时间比较长，一天能做很多事，回想起来，与交通准时方便、节省大量时间有很大关系。柏林交通设计之科学已有很多人介绍过，比如汽车与地铁的“无缝衔接”等，就不再赘述。这里想和读者一起分享一些我乘坐公交车的经历。

德国的公交车设计很人性化，停靠站后会自动向马路边倾斜，以方便人们推儿童车或大箱子。另外还有一个可以放下来的板子，当有残疾人上车时，司机会下车把木板拉出来以便于残疾人上车。因此在德国，经常可以看见残疾人在社会活动。

在柏林似乎有这样的不成文规定，私家车一般都会让公交先行。但我

* 作者为最高人民检察院检察理论研究所副研究员。

看见一次例外，有一辆车横在另一侧车道准备转到公交车行驶的这条道上来，此时公交车完全可以不必理会而正常行驶，但这辆公交车为了能让另一侧车道不致堵车，停下车等那辆车转弯后才继续行驶。

一般来讲，公交车都会等待那些跑过来想要坐公交车的人，特别是老年人、残疾人、推小孩儿的人等。有个老太太远远跑过来车都在等她，但是他们却能够做到不等那些不紧不慢，耽误大家时间的人。那些在外面抽烟，即便车来了也不着急上车的人他们真的能做到关门开车不等客。

有一天临时修路，公交车在站点前十米左右的地方停了下来，因为如果停在原来固有的站点，载客时则会堵住整个道路，因此司机选择了提前停车，以便于其他车照常通过。一个公交车司机都可以将合法性与合理性结合得如此之好，让那些抱守“合法性”而不顾其他的官员们“情何以堪”。

过马路也很有意思。如果有红绿灯的地方，你不按照规则闯红灯，有些车辆甚至会加速行驶；而在没有红绿灯的斑马线，如果有行人，车一般都会停下来让行人先行。

在法律范围内作出合法与否的判断是公共服务工作者的最低标准；把握好公共服务的度，作出的行为不仅符合法律的规定，而且能够客观、适度、合乎情理，才能满足现代社会公共服务的要求。我知道荷兰有个监督机构，叫做 Ombudsman，它的监督范围不仅包括行政行为是否合法，还包括行政行为是否合理，比如法律规定批准某个事项的法律时限为 30 天，相关行政机构对于几乎所有人都用了 10 天就履行了行政行为，唯独对于某个人是 30 天，那么这个人就可以以行政行为不合理为由向该组织提出申诉。试想，连这样的事情都能够得到解决，当事人当然不仅“口服”，而且也会“心服”，很多对政府的不满就这样被制度消解了。

二、较高的宽容度——一个心态健康的社会

中国人有句老话“恨人有、笑人无”，这句话在德国好像并不“流行”。无论你是否有权、有钱都与我无关，犯错误也不会嘲笑和歧视你。体现在一些小事情上，我曾看见有人逃票被抓，这里要介绍一个背景，像欧洲多数国家一样，德国的地铁与城铁无人检票，但会有人在不固定的时间查票，

如果查到没有票将会苛以票价数十倍的罚款。这种随机性的惩治必然会使一些人心存侥幸心理。法律并不能也不准备时时处处发挥作用，只要能够在大多数人身上起作用即可，并且一旦违法，无论是谁，都可能被随机性而不是选择性地查处，那么就可以说达到了一种较优状态。有人逃票并不奇怪，恰恰说明作为人类，本性都是一样的。奇怪的是竟然没有一个人“伸长脖子”去看，甚至连抬头的都没有，似乎这件事根本没有发生，这着实让我惊讶不已。

偶然的机会路过一所学校，旁听了一节初一孩子的课。这节课讲的是美国的三权分立政治模式，讲得十分详细。严格地讲，德国体制与美国体制有很大不同，但老师并不介怀讲授美国政治制度设计当时是如何考虑的以及相互制衡的优势与劣势，学生的思维也是发散性的，学生们自已去思考、去比较哪种模式更好以及为什么。德国的教育和许多发达国家一样，讲知识，然后培养独立思考的能力。当然这种教育的变化也有个过程。我曾经读过一本英国人写的书，叫《众生之道》。书中十分详细地描绘了英国 19 世纪宗教势力影响下僵化教条、扭曲人性的教育以及由此产生的恶劣后果。我国的教育体制正在朝素质教育方向努力，在这个过程中我们看到极少数教师还没能适应素质教育的需要，学生考试中依然存在“弯弯的月亮”答案只能是“像小船”，“像香蕉”就是错误的，“三国最聪明的人”只能回答“诸葛亮”，“周瑜”“司马懿”“庞统”甚至“孔明”都是错误的。回答“《背影》中最喜欢的话”只能是上课时老师讲过的那句话等等。这种教育模式不仅会束缚中国人的创新力，更会影响国民的整体判断力和政府正确决策的执行力。

当然，宽容并非无止境。2011 年初，德国媒体几乎天天都在关注“国防部长古滕贝格博士论文抄袭事件”。古滕贝格在接受议会质询时辩称，博士论文写作时他在议会边工作边写论文，加上组建家庭不久，身挑工作、学习、生活等多副重担，论文写作确实不够严谨，“确有错误”，但否认抄袭论文。然而，面对古滕贝格的辩解、道歉、放弃博士学位，民调结果（一家调查机构的民调结果显示，73% 的受访对象认可古滕贝格作为国防部长的表现）以及总理默克尔的支持都没能抵住舆论的压力和诚实信用的社会公平底线，古滕贝格最终不得已而辞职。不管什么原因，繁忙的德国部长博士论文抄袭而下野，在我们看来还是个新鲜事。

三、衣服挂树梢——一个争当好人的社会

生活中的许多细节往往能够看出人的道德素养。我家宝宝九个月来到德国，有一次将衣服丢在了路上，回去一找竟然被人挂在路边的篱笆上。虽然我住的这个居民区有很多孩子，家长不去捡别的孩子的衣服也很正常，可是路人担心小孩子的衣服被风吹走或被他人不小心踩到而挂在篱笆上却令人敬佩。我曾经在路上看见过衣服挂在路边还不明所以，直到自己孩子的衣服丢了才弄清楚这么做的真实目的。

德国人通常有为后面人扶门的习惯，我推车带宝宝去逛街，前面一个似乎刚刚学习"轮滑"的人早已经走过了那扇门，回头看我推着孩子，竟然跌跌撞撞地又回来给我开门。

我曾在德国波恩住过一段时间，在波恩的超市门口，很多箱包不方便拿进超市就放在外面，不知是东西不值钱不怕丢，还是不会丢。我想主要还是后者，因为在其他一些国家，即便不值钱也早就被"三只手"盯上探寻一番了。说到小偷，最为有趣的是我的一个朋友告诉我，她的包被小偷偷走了，小偷竟然把护照寄到了大使馆，真可谓"盗亦有道"。

我们不禁要问：什么原因使德国人如此？是他们生下来就素质高吗？

四、有效监督和合理发泄——制度的力量

德国的自然环境保护得很好，问题是企业和公民为什么愿意为环境付出那么多，甚至不惜损害经济利益？根据德国的法律，企业必须为污染环境负担高额的费用，如果污染严重，这个企业的税负足以使其无法生存。当然如果能够大幅度缩减污染甚至低于欧盟标准，还可以以出售的方式获得经济利益。我们看到的是老百姓都自觉对垃圾进行分类，殊不知，如果不分类，垃圾将不被运走，德国很多是一家一个"别墅"，如果垃圾不被运走，那对生活的影响将是不可想象的。久而久之，人们通过制度的引导形成了这些习惯，换句话说，习惯是长期的制度惯性形成的。

洪堡曾组织我们拜访德国环保部，一个署长接待了我们。他向我们介绍说，德国是个联邦制国家，各地环保部门负责监督环境污染问题。同行的一个老师问，如果地方企业老板和环保部门领导是朋友，这个监督如何保证？我们得到的答案是："他们肯定有朋友是企业的老板，也包括污染企业。但是他们不会因此而不予监督，因为如果这样，下次民众就不会选他们了。他们不会因友谊而损害自己终身的事业。"人的本性是一样的，监督发挥作用了，效果自然也就好了。看来，所谓"寻租""吃拿卡要"，还是因为风险过低而收益过高，为百姓服好务需要切实的民主才行。

在波恩学习德语的时候，我的德语老师很不喜欢德国现任总理默克尔，她也不喜欢东德人。上课时她经常说默克尔的决策错误，但问及她是否会反抗现任政府时，她很肯定地回答不会。她说，她会继续呼吁大家选举的时候不选择默克尔及其党派。毕竟没有政府可以让全体人民满意，只要能够保护大多数人利益，防止少数人利益遭到不公正的待遇就是较好的政府了。从人类历史上看，不可能找到完美的政府，民主选举制度使人们有机会发泄自己的不满，防止累积的愤懑演变成为暴力性的变革，这也是十分重要的社会稳定器。

在超市里看见一个妈妈领着从五岁到十岁不等的三个孩子在交款。每个孩子都从自己的钱包里拿出钱负担自己想要的玩具。他们分别挑了几件便宜的玩具，不像我们的孩子到了商场什么都想要。一旦从"妈妈的"变成"自己的"，一旦把责任交给每个人的时候，即便是小孩子，也懂得考虑效益和珍惜自己的东西了。很有点像我们的改革开放，包产到户，发现人性的规律并使之制度化就能激发出巨大的生产力。虽然事情有小有大，但道理是相通的。

我们从小接受的教育是"孔融让梨"式的教育，把大的留给别人，小的留给自己。这就完全依靠"分蛋糕"的人的德性，但这与市场经济中人的本性是相悖的，在现实中这么分的人越来越少。而发达国家则设计一个制度来分蛋糕，切蛋糕的人后选蛋糕，这既避免了不公平，也不影响分蛋糕和选蛋糕的人的德性。我们许多人在遇到不公平时期待于"告御状"，期待"海瑞""包拯"再现，如果这一途径无法实现，就寄希望于"路见不平一声吼"的"梁山好汉"，甚至于"哪里不平哪里有我"的"济公"等超自然力量。

而发达国家则用独立的司法制度来作为明确固定的判断方式，社会判断标准统一完善，社会公平了，人的心态也就趋向健康了。

在柏林机场退税时曾遇到一件特别可笑的事情，一位国内来的女同志想要插队退税，并解释说她是公务人员并手持公务护照。当然她绝对不能代表全体公务人员，但是显然在极少数公务员中确实存在一些特权思想。在规则社会则没有特权，任何人在规则之下都是平等的。成熟的制度模式使德国成为一个我们眼里的发达国家，一个规则的社会。从规则社会中得到好处的是所有公民而不是个别人。德国人已经享受到规则社会带来的巨大好处，因此十分痛恨那些破坏规则的人，一旦有人不遵守既定规则，小到乱扔垃圾，大到违法犯罪，经常会有人主动去批评和制止。明确的制度规则为包括执政者和普通民众在内的所有人提供了确定的社会地位、角色和行为模式，使人们能够较快地适应社会生活，从而避免了个人与社会出现的大量的矛盾和冲突。同时规则还以明确的方式调适了人际关系，充分发挥了社会组织的正常功能，清除了社会运行的障碍，建立了正常的社会秩序。实质上也就是实现了亚里士多德所谓的“法治社会”的两个要素：法律获得了普遍的遵从；获得普遍遵从的法律是良法。这种以法治规范为核心而形成的社会秩序再通过不断积累、沉淀、继承与扬弃，使之世代沿袭与发展，并在空间上得到进一步普及，久而久之就变成了人们的信仰和习惯。

素质差异主要原因不是经济水平和发展速度，更不是人种的不同，只是他们较早地认识了民主与宪政带来的好处，并采纳了适合本国实际的民主宪政模式，通过日积月累，从而将人逐渐引导、规范、塑造成了“好人”。可以说，是民主与宪政培育了优良的人性和民族。

严谨的治学精神 高尚的做人品格

——亲历马克昌教授教诲与关爱的感悟

田文昌 *

我与马克昌教授相识于80年代初期，在“文革”后的法学学子之中，可以说我是有幸很早就受教于马老师的一个学生。

我于1980年考入西北政法大学（当时的西北政法学院），成为“文革”后恢复高考的首届刑法学硕士研究生，也是西北政法的首届法学硕士研究生。能够得到马克昌老师多次亲自指教，首先要感谢我的导师西北政法大学的周柏森教授。

周柏森教授上世纪五十年代毕业于中国人民大学，是新中国建立后的首届研究生，读研期间与马克昌教授是同窗好友。在我读研期间，为了帮助我开阔眼界，深化知识，周老师以他博大的胸怀曾多次修书让我去全国各地拜访名师，马克昌教授就是其中的一位。又由于马老师与周柏森老师本是同窗好友，对我就更加关爱。

我读研时共有三位导师，一位郭怀都教授，是一位老干部，过世较早，但对我们五位研究生都是关爱有加。另外两位出身于学门，都是中国人民大学五十年代首届研究生，就是周柏森教授和解士彬教授。除了他们对我的言传身教之外，让我敬重不已和终身不能忘怀的，就是周、解两位老师鼓励并且帮助我在读研期间实现了一段“游学”的经历。这一段经历使我终生受益，而且这也是我一个人所独有的一段经历。在1980年至1983年期间，带着周、解两位老师的亲笔信，我利用假期休息时间，走遍祖国大江南北，访遍了国内刑法学界的老一辈学者，北大、人大、吉大、公安大学、社科院、北京政法学院、西南政法学院、华东政法学院、中南财经大学……当时国

* 作者为北京京都律师事务所主任。

内政法院系刑法学界的前辈学者我一个不落地一一求教，得到他们的精心指教，实现了访遍天下名师的愿望，也收获了博采众家之长的丰硕成果。重要的是，除了在他们那里获得知识之外，更是领悟了他们严谨的治学精神和高尚的做人品格。

读研的三年中我数次拜访过马克昌教授，那时候马老师住在珞珈山武大校园内的宿舍楼里，室内还没有空调，也没有冰箱，盛夏时坐一会儿就满头大汗，又热又渴。马老师只好打开几瓶温吞吞的汽水，与我边喝边谈。先生一说起专业问题就完全进入了境界，古今中外，旁征博引，忘记了炎热，还不断与我讨论、切磋。当时给我的感觉是，马老师不仅学识渊博，而且还十分平易近人，平等待人。我事后常对人讲，马老师给我的印象朴实得就像一位老农民，我很快地由仰视而变为亲切，似乎忘记了我们之间年龄和学识上的差距，也忘记了初次见面的局促和紧张，完全被他带入了同一种忘我的境界之中，甚至会间或地提出自己的观点与先生平等地争论几句。这种交流常常是一谈就是几个小时，在马老师那里，我真正地体验到了“与君一席话，胜读十年书”的切身感受。由于时间紧迫和经济拮据，我为了拜师求学，常常是夜间坐火车硬座启程，白天到老师家里拜访，有时候连饭也来不及吃。但是，在倾听马老师教诲的时候，真是连饥饿也忘却了，唯一的感觉就是听不够，谈不够，只是出于礼貌才依依不舍地提出告辞。直到今天，我还庆幸那时候研究生的人数太少，若像现在有了那么多的博士生，硕士生，这种得天独厚的求学机会恐怕就不会再有了。

在向马老师求教的过程中，最使我终生受益的还是他那严谨的治学精神。记得我在撰写学位论文的时候，曾经又一轮地带着论文初稿坐上火车去各地拜师求教。后来在听取意见的时候，没想到马老师不仅认真仔细地审阅了我的论文，提出了许多中肯的意见，而且还认真核对了我论文中引经据典的出处，当他发现我引用的马克思的原话有问题时，竟亲自到马列主义著作编译局去找人核对，果然找出了其中的错误。事后他向我指出了这个错误，并告诉我，以后引经据典时一定要查找原文，千万不能转引。我万万想不到马老师能够这样认真地对待一个并非自己门生的后生晚辈的论文，在这一件小事上，我惭愧之余，更多的是对先生的敬仰！我永远忘不掉马老师如此严谨的治学精神，并且，我也一直在用这种精神教导我自己的学生，希望这种精神一代接一代地传下去。

1983年从西北政法研究生毕业后，我分配到北京的中国政法大学任教，十年后，也就是在1993年，当时也在政法大学任教的我的一位学生——李强，因代理一桩民事案件被公安机关非法拘禁，引起北京学界和律师界的强烈反响。我为了营救自己的学生，又冒昧地烦扰了马克昌教授。我打电话请马老师来京论证李强的案件，马老师说确实很忙脱不开身，我说事关重大，您一定要来，我亲自去接您。此话刚落，马老师即表示，你不用来接，我一定想办法来京。后来，当马老师来到北京与高铭暄、王作富、曹子丹等几位老前辈坐在一起的时候，高老师开玩笑说："你真厉害，一个电话就把马老师搬来了，连我们都不一定做得到。"其实，这句玩笑的真正含义并不是我多厉害，而是体现了马克昌老师对学生，对晚辈特殊的关爱之情。这种关爱我在许多其他前辈学者中也有深刻的感受，这种感受就像一种烙印，深深地刻在我的心中，胜过一千遍的说教。同时，也使我懂得如何去关爱我的学生。至今为止，我经常说，我这个人什么都不怕，但是就怕学生，只要是学生找到我的事，我似乎就没有拒绝的理由，我已经把培养、关爱学生和后辈视为一种责任，一种天职。之所以形成了这样一种情结，是因为我时刻都在体味着马克昌老师对我那种无私无悔的关爱之情。

马克昌老师去世前，我一直想去医院看望，但是因为忙碌迟迟未能成行，当我在珠海开庭正准备休庭后即去武汉的时候，突然接到马老师去世的噩耗，不仅未能见面，连追悼会也未能参加，留下了终生的遗憾！

马克昌老师逝去了，作为一位令万人敬仰的法学界泰斗，他不仅培养了一大批遍及国内外的法学精英，留下了丰厚的学术成果，而且还教会了我们世代不能忘怀的严谨的治学精神和高尚的做人品格！

我永远怀念马克昌老师，也希望每一位法律人和法学学子都能够学习和发扬马克昌老师的治学精神和高尚品格。

异国恩师

林来梵*

想起年轻时留日期间的授业导师畑中和夫先生，眼前就浮现出他给我留下的难以磨灭的印象：虽年事已高，却穿着整洁的西服，将略为稀疏的华发一丝不苟地梳拢在脑后；带着一副深度眼镜，但睿智的目光似乎洞悉了人间纷繁万事，而微抿的嘴角，时常挂着温和、却多少又有点神秘的微笑。

如今，先生去世已有两年多了，蓦然回首，才发现自己多年来正是一点一滴学着先生的样子在做着教授的，只不过仅得皮毛，未入阃奥，不及其万一……

一、和蔼的严师

1991年4月，是我记忆中的日本樱花开得最为烂漫的季节——就在那时，我入学立命馆大学，开始攻读法学研究科博士前期课程公法学专业。

入学不久后，我便发现，畑中先生似乎也比较重视他与作为一名中国人弟子的我之间的这份师生关系，这或许与他作为现代日本知识人面对中国人的微妙心理有关，其中包括知识交流上的回馈、反哺以及特殊历史责任意义上的救赎。

先生的性格多半是和蔼可亲的。他时常在课后带着我们几位听课的学生去大学东门附近的一家名曰“铁平”的饭店聚餐，以继续畅谈学术问题，或笑谈人生百态，最后由他老人家埋单结账。先生还有侠义的一面，总是尽可能地对身边的那些处于困顿之中的学生出手相助，许多人在关键的时

* 作者为清华大学法学院教授。

本文作者林来梵与乃师畑中和夫先生（左）的合影

期都受到他的恩惠。当然，先生也有率直、耿强的一面，对于重要的学术问题和为人准则，也有严格的一面，统而言之，先生的个性内涵是丰富的，也是有层次感的，似乎比较接近于中国《论语》中另一种有关君子的说法：“望之俨然，即之也温，听其言也厉。”

说到对弟子的学术训练，先生也有自己的特色。记得在博士前期课程的第二学期，我沉迷于探究中国清末君主立宪，以此为契入点，写出了一篇题为“中国立宪主义的形成与展开”的论文，初稿有三四万字，成文之后，颇有得意之色，便呈先生批点。不数日，先生将阅毕的文稿返还给我，只见上面一片朱批，可谓“鲜血淋漓”。但我认真阅读了这份批点，细致琢磨了先生的批语，并反复比对了自己与先生在文章的布局谋篇、遣词造句等方面上的差距，深感醍醐灌顶，功力大增。到博士后期课程之后，与前期的耳提面命不同，先生只是在研究规划和学术水准上进行严格把关，其他方面则放手让我自己去进行研究。更有意思的是，作为马克思主义法学家，他也不生硬地将自己的方法论强加于我，而是默许我兼收并蓄。

当我进入博士后期课程之后，先生就明确表示支持我撰写博士论文。在他的指导下，我也很快就确立了论文的研究方向和主题，并且按照申请博士论文的要求，着手分三个部分写作，论文的发表也颇为顺利。但当我即将完成第三部分的论文之前，有一天，先生突然找我谈话。

谈话的内容果然非常重要。原来，在不久前，先生已将我有可能在不久后提交博士论文的事情预先在教授会上吹了吹风，结果有教授提出：鉴于过去立命馆大学从来没有向外国籍人士授予过法学博士学位，为此，对第一个向立命馆大学提交博士论文申请法学博士学位的外国籍学生应当严格把关，具体而言，仅仅按照一般规定发表三部分论文是不够的，而应将博士论文结集出版为一部学术专著，然后再作为博士论文正式提交，教授会才考虑予以审核。

我听后暗自叫苦，觉得要实现这个目标那几乎是天方夜谭。但先生和蔼地说：我已经为你谈好了一家出版社，是京都的晃洋书房，他们看了你已经发表的那部分论文，表示愿意给予出版，但不付稿费。

我差点笑出声来，那不仅因为先生最后一句话几乎是幽默。

就这样，我后来成功地以一部学术专著的形式提交了博士论文，并顺利地走完了各个重要环节，最终获得了学位。

在授予学位的典礼仪式上，我作为学位获得者的两名代表之一发表致辞，自然表达了对母校和各位恩师的深切感谢，彼时，我瞄了一下畑中先生，发现他只是淡淡地听着，似乎陷入了神秘的沉思。

二、神秘的身份

立命馆大学创立于明治时期，起初名为京都法政学校，后来才正式更名为立命馆大学，但其渊源被追溯到日本皇族政治家西圆寺公望先生早年在京都皇宫所创立的私塾“立命馆”，其中的“立命”二字，取之于中国古典《孟子·尽心章》中的“夭寿不贰，修身以俟之，所以立命也”一句。

1933 年，原日本京都帝国大学（即相当于京都国立大学，现京都大学）法学院发生了一起在日本宪法史和学术史上都极为著名的事件：刑法教授泷川幸辰先生因其某些学术见解被认定为是共产主义的学说，著作被禁售，本人也一度停职，最终被免职；在此过程中，为抗议政府干预学术自由，京大法学院全体 31 名教师提出辞职以表抗议，最终有 17 名教师集体辞职。此即“泷川事件”，又称“京大事件”。事后，作为私立大学的立命馆大学敞开胸怀，慷慨延揽了这些教师，同时也使得其法学院实力陡然大增，而且从此之后，这所曾拥有“贵族血统”的大学，被吹进了一股新风，其于学脉上的影响，迄今未衰。

在这些教师中，佐佐木惣一教授是与东京帝国大学美浓部达吉教授同时代并称的公法学界泰斗，森口繁治教授也是当时日本公法学界的名宿。畑中先生和山下先生的师承，正源自于此。但除此之外，畑中先生还时常用怀念的口吻对我们提起末川博先生的故事。可想而知，那位同样对宪法学问题也有涉猎的民法学界巨擘，在出任立命馆大学校长期间，对年轻学子畑中先生也曾多有引导与呵护。

由于先生就处在这样一个影响深巨的历史事件的余脉之中，这在我看来，多少有点神秘。

但有一次，先生却在谈笑间向我们几位学生透露：他在年轻时，曾参与左派的反美运动，将一枚土制的“火焰瓶”扔向了美国驻日领馆，并因此被捕入狱。

我曾经从类似的一些事情中，猜测先生有可能是一位日本共产党员，但根据日本学术界约定俗成的一个规矩，这一点是不能直接向本人询问的，为此在我看来，先生的政治身份就更平添了几分神秘。直到 2004 年 5 月先生在访问浙大的一个晚宴上，他才第一次在我面前公开承认自己是一位拥有 50 年党龄的日本共产党员。

当天晚上，时任浙江大学党委书记的张浚生教授宴请来访的立命馆大学校长长田丰臣教授、校董畑中和夫先生一行，我也参与了接待。记得酒过三巡之后，双方逐渐把酒言欢，越谈越投机，最终，先生就把自己属于日本共产党人的身份以及党龄主动透露了出来，登时，全场投之以敬仰的目光。

先生虽不善饮，但平常也喜欢小酌几杯。记得那天晚上他也喝了不少，到了最后，我们突然就看到微醉的他，坐在那里，用饱含深情的音调，唱起一段大家都依稀颇为熟稔、但一时又说不上名字的曲子。我们谛听良久，才脱口而出：是国际歌！是的，这位来自异国的老人，可能正在用他谙熟的俄语，独自唱着《国际歌》的曲调，那略为含混、但却坚定有力的音调，使得大家感奋不已，于是跟着一起合唱了起来。那情景，就连我这个非党人士，也受到了深深的感染。

但我在先生的声音中，还捕捉到一丝苍凉，一种类似于一位老者，因大业未竟而感慨“逝者如斯夫”的那种苍凉。是的，像先生这样的知识分子，在日本社会虽然因其职业而拥有一定的地位，但从其政治立场而言本属于少数派而已，虽然，整个国家的宪政体制可以容忍他们对国家政治体制所持有的深刻批判，但其高迈的理想，不仅难以实现，而且还是受到排斥和压抑的。

三、中国缘

先生早年对苏联宪法的研究倾注了心力，但自上世纪80年代起，即开始将注意力转向中国，并多次访华，努力推动日本学界和法律实务界与中国展开先行性的学术交流，其个人也在中国社科院法学研究所、中国人民大学法学院等学术机构拥有亲密的朋友。可以说，在现代日本法学界中，他是最早预见到中国之重要性的学者之一。

作为当代日本法学界的一位马克思主义者，他对于中国社会主义法制也有冷静独到的观察。在1994年与德国的学者T. W ü rtenberger合著的《现代法治国家论》中，先生就曾在自己所撰写的篇章中，对中国现行法治的特色做了如下四点的归纳：（1）与其说它把公民基本权利的保障作为直接目的，倒不如说存在这样的构造，即在第一层意义上是以维护社会主义体制或秩序作为目的的，由此助益于自由权利的保障；（2）为此，守法不仅是针对国家，更主要是针对公民而要求的一种义务；（3）与此相关，必须被遵守的“法”仅限于实定法，而不承认担保实定法的“高级法”背景；（4）正因如此，不存在拘束“立法者”的法治，而存在“立法者”的绝对性，即使法治的保障确立了可诉诸司法的形态，但既然拒绝了权力的分立，并立足于民主集中制的原则，最终必然确立以党的领导为保障的形态。

晚年的先生，视力急剧下降，只好放弃以学术为主的生活形态，而将个人的绝大部分学术藏书赠送于我。

赠书的过程也值得一提。2002年夏季访日之际，他说起想将藏书赠送予我的打算，问我意下如何。我一听自然十分高兴，同时也感到一份荣幸，第二天便与一位同行的同事，一起带着箱子到了他家中，挑走了大部分自觉得具有价值的书。而对那些大量的马克思主义法学类的书籍，我则声称在国内容易入手，便原封不动地留在他老人家的书架之上。

回国之后不久的一天，我突然收到先生从日本寄来的几箱邮件，打开一看，竟然全是上次留在他书架上的那些马克思主义法学类书籍！我呆呆地看着那些书籍，不禁愧疚不已，心想，上次在他家中冷漠地对待这些书籍的态度，一定使他老人家感到一丝心寒，而老人家却默默地谅解了这一切。

当然，从他执拗的后续赠书行动中，我似乎也读到了老人的某种暗默的寄语。

先生早在这前几年就自立命馆大学退休了，此后一边在学校里继续兼职，一边在京都律师事务所担任律师，不久之后，便开始涉足一种特殊的实务活动，即处理一种战后赔偿案件。其背景是这样的：二战期间，日本军队及部分日本企业，曾多次到中国、朝鲜、韩国等地强掳青壮年人丁，前往日本各地从事采矿、冶炼、建筑等繁重劳动，这些劳工在日本往往过着暗无天日的非人生活，直到战后才获得解放回国。先生的工作就是与许多日本进步人士一道，成立民间的司法援助团体，他们往往先一起自发垫资，从查阅研究各种资料、寻找各国受害者开始，到雇佣翻译，并且邀请受害者前去日本，帮助他们向日本政府或企业提起诉讼，要求损害赔款。但由于日方总是以《旧金山和约》已经放弃了民间个人赔偿请求权为由，拒绝对此作出赔偿，为此这类案件打得无比艰辛，所垫付的资金大多也付诸东流。

但他晚年坚持参与这项司法援助活动。他与一批日本进步人士之所以要选择这些连当今的中国人都较少记得其具体历史背景的“战时强掳劳工案”来“较劲”，似乎是基于法律方面的专业判断，认定在许多战后赔偿案件之中，这类案件是较为适宜作为一种典型案件的，以便将此作为突破口，进一步引出战后赔偿问题，乃至彻底促使日本国人和政府对那场战争进行全面的反思。

先生直至晚年卧病之前，仍然不辞劳累地参与这项司法援助活动，并多次奔走往返于日本各地与中国河南等地之间。而那种长年累月“屡败屡战”的精神，实在令我钦仰。扪心自问，当下的我，就未必能做到这一点，至少难以做到为了某种公义，为了异国人，就敢与国人反目，与政府叫板，更遑论像古希腊神话中的西绪弗斯（Sisyphus）那样，在陡坡上较紧牙关，反复推石上坡，然后失败重来。

是啊！像先生这样的理想主义者，注定要在其所从属的国族中备受排挤的。但我也时常在想：其实，一个国族，不妨存在一些这样的理想主义者，他们自甘承受冷遇和失败，却敢于反思整个民族的历史文化和社会现实，就像苏格拉底所说的“国之牛虻”那样，时刻叮咬着国家与民族，使之时刻警醒，并奋蹄向前；在我看来，整个大和民族，也正因为出现了像先生这样具有非凡人格的贤者，才值得我们予以尊重。

四、诀别

2006年夏季，我和家人带着怀旧的心情，到日本旅游，重返当年曾经学习生活过的故地，并特地去探望抱恙在家的先生。那次我们专门买了花束，来到先生的家，由小女儿代表我们全家敬献给他。老人家舒怀笑了。

没想到，那次竟是我与先生永久的诀别。

记得当我那次询问起他的病情时，先生还从容地说明了几句，显得十分淡然。随后他就拿出一本当年新版的日本法律汇编——三省堂的《模范六法》在手上，像往日那样调皮地笑着说：君（きみ），这个再送你，但你不能说我过去对你太严厉哦！

当我们离开他家时，先生还执意要开车送我们到车站，并在车站附件的一家旋转寿司餐厅请我们一起吃饭。饭毕，他像往年那样要掏钱，我轻轻按住老人的手，说：请让我来。

分手时，先生很平静，就像往常的分别一样。看着显得格外衰老、憔悴的先生，我突然想上前去紧紧握住他的手，或抱住他变得日益消瘦的肩膀，但望着俨然肃立的他，只好咬紧牙关，深深地鞠了一躬，再驻足目送他上车，远去。

这是先生最后一回当面称我作“君（きみ）”。

静水流深　大师风范

——记著名法学家、法学教育家陈光中先生

彭新林 *

在北京美丽的昆玉河西侧的春荫园生活区里，常能见到一位满头银发、面容慈祥、气定神闲、精神矍铄的老人，他就是我国著名法学家、法学教育家，新中国刑事诉讼法学的主要奠基人和开拓者，在海内外享有盛誉的诉讼法学一代名师——陈光中先生。

岁月悠悠，从1952年北京大学法律系毕业留校任教至今，陈光中先生在教坛辛勤耕耘并在法治道路上不懈求索已过去了半个多世纪。在长达半个多世纪的科研和教学生涯中，陈先生始终孜孜以求，奉献卓识才智，为祖国的刑事法治建设和法学教育事业殚精竭虑、鞠躬尽瘁，倾注了毕生的心血。他严谨沉稳、笃实求新的治学态度，博而后精、学以致用的学术风格，虚怀若谷、温文尔雅的精神风貌，学为人师、行为世范的师者风范，在法学界有口皆碑。

一、历尽艰辛成正果

1954年，陈光中先生根据组织安排在新组建的北京政法学院从事法学教学工作，但好景不长，三年后，正当踌躇满志的他想大展宏图报效祖国时，轰轰烈烈的整风运动和反右派斗争开始了。北京政法学院一大批教授、老师和干部被打成右派，陈先生也被定性为犯严重右倾错误而受到批判，他被调离政治性强的法律业务教研室，派去从事历史教学。即便在这时，陈先生钻研法学理论的意志力不减，信念不馁。

---

* 作者为贵州省毕节市人民检察院副检察长。

从事历史教学刚满三年，陈先生又被抽调下乡参加“四清”运动。下乡期间，他直接而全面地深入农村和群众，与农民朝夕相处，对农民的朴实、善良以及民间的疾苦有了更为真切的认识和了悟。这段经历对其后来的人生也产生了重要影响。陈先生后来也回忆道：“在农村时因纪律严格、生活艰苦而受到了磨炼。”

陈光中

1966 年 5 月，史无前例的“文化大革命”开始了，像陈先生这样的知识分子，日子自然不好过。他先是作为漏网右派被审查批斗，后又下放到安徽濉县五七干校劳动锻炼。尽管陈先生当时生活窘迫而艰难，政治上受到压制和批判，饱尝人情冷暖、世态炎凉，但这一切并没有让他怨天尤人，反倒激起了他的雄心壮志，他坚信公理自在人心，坚信正义是一定会胜利的。

当“文化大革命”的阴霾从中国大地上散去的时候，当加强社会主义民主法制成为时代强音的时候，时代的春风为压抑已久的知识分子翻开了新的一页。陈先生也开始了人生道路上崭新的历程。1978 年，陈先生调回北京，先任职于人民教育出版社，后又被调到中国社会科学院法学所任刑法室主任。1983 年中国政法大学在北京政法学院的基础上成立，是年秋，他被调回中国政法大学任研究生院副院长，随后被评为教授。1986 年，经国务院学位委员会批准，陈先生成为全国第一位诉讼法学博士生导师。从 1988 年至 1994 年，陈先生先后任中国政法大学常务副校长、校长。陈先生在担任校长期间，因工作扎实、平易近人，被人称之为“布衣校长”。卸职后，他继续担任教授、博士生导师，从事诉讼法学高级人才培养和教学科研工作。2001 年 10 月，陈先生被中国政法大学聘为“终身教授”，中国政法大学在聘任文件中称他为“学术大师”。桂冠和荣誉只属于自强不息的人们，应当说，陈先生今天的成就与他对知识和学问孜孜以求、刻苦钻研的精神以及付出的超乎常人的心血是分不开的。

二、皓首穷经求法治

回顾陈光中先生80多年的风雨人生路，求索法治始终是其人生事业的主题。他时刻关心着国家法治的发展，为法治的昌明鼓与呼，思考、探索，发表研究成果，积极献计献策，做出了卓越的贡献。陈先生在接受记者采访时曾言，“坚持改革，坚持民主法治，需要毅力，更需要勇气，我愿我的晚年能为我国的民主法治继续努力，鞠躬尽瘁，死而后已”。他的这段剖白，透出一种热切、一种渴望，其求索法治的赤子之心，不经意间已流露无遗。

通观陈先生多年来学术研究的领域和方向，可以发现，在研究选题和研究内容上，基本上均是以服务国家法治建设为导向，以当代中国刑事法治面临的重大理论和现实问题为研究重心，其学术成果都直接或间接地服务于社会主义法治建设的伟大事业。在他看来，法学尤其是刑事诉讼法学是一门实践性很强的学科，如果不从实际出发，没有真正参与到法治实践中去，没有一定的实践雄心，而搞成一种纯粹的智慧演习，将难以获得自身应有的价值。他在一篇谈治学感悟的访谈录中曾向记者袒露心迹：“我平生治学，力求学以致用，将我所学直接或间接服务于我国的民主法制建设，以有利于推进依法治国、建设社会主义法治国家。”

立法是法治的基础，为了相关立法的民主化和科学化，陈先生鼓噪呼吁于前，献计献策于中，研讨实施于后。前全国人大常委会委员长李鹏所著的《立法与监督——李鹏人大日记》在谈到宪法修改时写道：“中国政法大学教授陈光中认为要写入‘国家尊重和保障人权’。”2004年修改后的《宪法》第33条第3款就明确规定：“国家尊重和保障人权。”除了宪法之外，对于刑事诉讼法、民事诉讼法、国家赔偿法、律师法等重要法律的修改完善以及有关司法解释的制定出台，陈先生也十分关心并积极参与，他在多个场合力陈改革建议，对于上述立法以及司法解释的修改、完善和出台，他也尽了自己的一份心力。其中，特别值得一提的是，1993年10月，陈先生受全国人大法制工作委员会的委托，牵头组织了刑事诉讼法修改研究小组。该小组于1994年7月拟出了《中华人民共和国刑事诉讼法修改建议稿》，报送全国人大法制工作委员会参考。全国人大法制工作委员会在征求政法实践部门意见并参考该《修改建议稿》的基础上，提出了《刑事诉讼法修正案（草案）》，后于 1996 年 3 月被全国八届人大第四次会议顺利通过。据统计，陈先生牵头提出的《修改建议稿》中约有 65% 的修改建议被新修正的刑事诉讼法所采纳。由于陈先生对刑事诉讼法修改做出的重要贡献，中央电视台《东方之子》栏目在 1996 年对其作了上、下集的报道，首开该栏目对法学家进行报道的先河。陈先生也被外界评誉为“中国新刑事诉讼法之父”。

正是因为陈先生为我国刑事法治建设做出了卓越贡献，1998 年 6 月 27 日，时任国家主席江泽民在人民大会堂举行国宴欢迎美国总统克林顿访华，陈先生作为法学界的著名专家被邀请赴宴，并与两国首脑夫妇一一握手。2010 年，在由司法部、全国普法办、中央电视台联合主办的“法治的力量——十年法治人物颁奖盛典”上，陈先生作为法学大师接受学子们的致敬，以此表达对立法的敬畏，对法律知识的敬重，对陈先生等法学大师为建立健全中国法律体系、推动法治建设所做贡献的感谢。

三、芳菲满园谱华章

“经师易得，人师难求。”在学生心目中，陈先生是一位集“经师”和“人师”于一身的好老师，他不仅仅是一位授业解惑的“经师”，更是一位明德传道的“人师”。

陈先生教学生涯中，教过的学生不计其数。他呕心沥血，言传身教，芳菲满园，桃李天下，为国家培养了一大批优秀人才。截至 2010 年，他已经招收、培养博士生近 70 人，已获得博士学位的 60 余人，已出站博士后 4 人，其中有学生于 2001 年荣获全国百篇优秀博士学位论文奖，这也是中国政法大学第一位获此殊荣的博士。他指导的博士生很多走向了法学教学科研岗位，目前近 20 人已成为教授、博士生导师或者知名中青年学者，其中有 4 位先后被中国法学会评为“中国十大杰出青年法学家”，2 位为长江学者，1 位曾为党中央政治局授课。在政界与法律实务界，陈先生的弟子也不乏闪亮人物，其中有些现在是中央政法机关的重要领导或高等院校的主要负责人，担任司局级领导职务的达 16 人之多，他们在相关领导岗位上发挥着重要作用。这种人才培养结果的出现，是与陈先生的辛勤教诲和学术有序传承的指导思想分不开的。

在科研和教学中，陈先生倡导“业精于勤”“博而后精”等治学箴言，注重培养学生独立思考、开拓创新的能力，对学术研究秉持开放包容的态度。他常对学生说：“你写学术论文，有些观点如果与我的观点相左，但只要言之成理，论之有据，我并不要求按我的观点修改，我鼓励你们拥有自己的观点。”对于学生提交修改的论文，陈先生极为认真负责，大到观点、结构，小到论据、资料，乃至语言用词、标点符号，往往都会认真修改，一篇论文往往是改了又改，有时改得面目全非。有一次，陈先生指导一个学生撰写一篇会议论文，他在认真审阅文稿后，提出了详细而中肯的修改意见。修改稿出来后，他又亲自修改不下5次，到最后定稿时，文章已基本“脱胎换骨”。他严谨认真的治学精神，让该学生受益匪浅、感动不已。“桃李不言，下自成蹊”，陈先生正是通过看似平凡的一件件小事实现了对年轻一代的精心培养，赢得了广大学子们的一致爱戴。

其实，不只是对自己的学生，对于其他从事法学研究的青年学人，陈先生也总是怀揣满腔热情，竭尽所能给予关怀和帮助。如为了奖掖优秀的青年学生，陈先生在有关单位的支持下，于2002年成立了“陈光中诉讼法学奖学金基金会”。基金会面向全国，两年一次评选学业优秀、科研突出的优秀硕士生、博士生予以奖励。此举充分表达了他对诉讼法学青年学人成长的关心和厚爱。

四、赤子情怀系社稷

半个多世纪以来，无论是顺境还是逆境，陈先生始终关心着国家和民族的未来，对国家政治大事和改革方向有着自己的思考，精神世界里有着林则徐“苟利国家生死以，岂因福祸避趋之”一样的深情。他曾经慨言：“做学问，无论理论多深，最后的目标都应当造福人类、服务社会。”在这里，他深刻揭示了学者的主要使命；而要实现造福人类和服务社会的使命，就应当为实现法治、推动改革和促进发展呐喊、思考、探索。他认为政治与法治密不可分，政治决定法治，法治体现政治。回顾我国30多年的改革，政治改革虽有所进步，但又明显滞后于经济改革，并成为制约法制改革的瓶颈。作为国内有影响力的著名法学家，他对于今后我国政治如何进步、政治改革从何着手，始终牵挂于心。2010 年，在陈先生 80 华诞之际出版的文集自序中，他表达了这样的期许：“倘若垂暮之年，能再为国为民尽最后一份责任，做最后一点贡献，则此生我愿足矣！”朴实的话语，折射出了一代法学泰斗谦逊有道、老当益壮的赤子之心，可谓“老骥伏枥，志在千里，烈士暮年，壮心不已”。美国耶鲁大学中国问题研究中心主任葛维宝教授曾这样评价陈先生：“作为一位学者，作为一位老师，也作为一个改革家，他坚持自己的观点，并卓有成效地找到改革的机会，极富巧妙地将这些机会一步步变为现实，并且平衡着秩序和自由的价值，以及中国社会方方面面的利益。”应当说，葛维宝教授对陈先生的评价是恰如其分的。

除了在学术研究与著述上怀有高度的社会责任感和使命感，在实际行动中，陈先生也尽自己的努力为民生呐喊，为社会服务。比如，近年来我国酒驾等危险驾驶行为高发、多发，严重危害人民群众生命财产安全。对此，他在不同场合多次呼吁“酒驾”入刑。其实，这些年来，多次交纳特殊党费支援灾区，无数次给贫困地区捐款捐物，免费为弱势群体提供法律援助，早就是陈先生生活的一部分了。在很大程度上可以说，自觉地关心国家的命运、民间的疾苦，倾听人民群众的呼声，是包括陈先生在内的所有当代中国法学学者的共同心声和追求，而这也是法学繁荣发展的动力所在、源泉所在、使命所在。

周公为巫的历史意义

——中外法史考辨札记

郝铁川 *

周公在中国古代被视为圣人，在中国近现代亦被视为一个重要的政治家和思想家，但几千年来却无人揭示他原本为巫的历史真相。上个世纪80年代，我在研究世界萨满教时发现了这一问题，于是在学界首次撰文《周公本为巫祝考》（1987年第5期《人文杂志》），提出周公为巫的五大论据：第一，从世界各地的情况看来，巫祝的一个最大职能就是为患者跳神治病，而在西周上层贵族中，唯有周公能为周王跳神治病。据《史记·鲁周公世家》记载，周公曾先后为武王、成王两次跳神治病。第二，从彝铭所载可知，西周的巫祝卜史官职通常为某一家族世袭占有，而周公一系多任巫祝。如《禽簋》载伯禽为太祝，另有鼎铭载周公后裔邢亦为太祝，而周公亦自称"能事鬼神"（《尚书·金縢》）。第三，占卜是巫术的表现，而西周的重要占卜活动，周公则直接参与，亲自占卜。如《尚书·大诰》载，当三监联合武庚进行叛乱时，周公决计东征，而其他贵族不同意，周公则亲自占卜，并将占卜结果告诉大家，奉劝人们迅速出征，不要怠易天命。第四，巫祝的职能之一是挑选风水宝地，在兴建土木工程前后要进行占卜。而据《史记·鲁周公世家》记载，雒邑的营建和定为西周的陪都，与周公的亲自占卜有一定的关系。第五，周公摄政称王，不仅管、蔡不满，就连召公也起了疑心。周公则援引商代伊尹、伊陟、臣扈、巫咸、巫贤、甘般等巫祝卜史之流辅佐商王的事例，来证明自己摄政王的合法性，而召公也由"不悦"变"悦"（《史记·燕召公世家》）。可见周公与商代伊尹、伊陟等人同属一类，皆为巫祝。

随着2011年清华竹简的整理公布，学术界肯定了我于此20多年前提出

* 作者为中央人民政府驻香港特别行政区联络办公室文体部部长。

的周公为巫的判断，因为竹简《耆夜》篇明确记载了周公“作祝”。周公为巫的身份现在没有什么疑问了，但这一考证结论有什么意义呢？迄今未见学者论述，我且提出以下两点来讨论：

（一）周公实现了中国古代由神秘魅力统治方式到传统习惯统治方式的转折。

西方社会学大师马克思·韦伯认为人类社会的统治方式有神秘魅力、传统习惯和法理法律三种，李泽厚先生在他的《美的历程》和张光直先生在其考古论著中都指出先秦曾经历一个巫教文化时期。赵容俊先生所写的《殷商甲骨卜辞所见之巫术》可记殷商是一个统治者靠神秘魅力统治的时代，贞人（巫人）决定着殷商社会的政治、经济、文化等多个方面的生活，而从现代的史料来看，神秘魅力统治时代向传统习惯统治的转变，是从周公开始的。

由于成王年幼，周公曾经“摄政称王”。他没有再像殷商那样，国家大事都由巫官占卜而定，而是通过“制礼作乐”来执政。近代国学大师王国维先生在《殷周制度论》中也指出：“殷、周间之大变革，自其表言之，不过一姓一家之兴亡与都邑之移转；自其里言之，则旧制度废而新制度兴，旧文化废 而新文化兴”；“周人制度之大异于商者：一曰‘立子立嫡’之制，由是而生宗法及丧服之制，并由是而有封建子弟之制，君天子臣诸侯之制；二曰庙数之制；三曰同姓不婚之制。”王先生所言的周朝不同于殷商的制度，就是周公“制礼作乐”的主要内容。

周公为周文王的第四子，他在帮助父亲文王、辅佐兄长武王完成伐纣大业中发挥了十分重要的作用。

周公所制“周礼”的性质是什么？1988年我在博士论文《周代国家政权研究》中指出，周礼由两部分组成：一是礼制，二是礼仪。礼制具有最高法律效力；礼制、礼仪具有道德与法律双重属性，礼制、礼仪是一种习惯法，与祖宗成法或家法合二为一。

因此，周公开创了依赖习惯法（传统

习惯）执政的新时代。

（二）周公是中国古代把神意解释为民意的第一人。

巫教把宇宙分为上、中、下三界，上层为天堂，众神所居；中界是人和动植物所在；下界是阴间，是大小鬼魂所在。人类夹在中间，受普神灵福佑和鬼魂作祟的影响。只有巫师能够通达上、下两界，疏通三界之事。

周公本为巫师，解释深意是他这一类巫师的特权。但周公却逐渐放弃了这一特权，明确地说民意决定神意，神意以民意为旨归。关于周公的这一思想，学界论述颇多，此处不再赘述。

由以上两点可以看出，周公的确是位伟大的政治家、思想家。之所以说其伟大，一是因他舍弃了自己运用巫术执政的特权，把依赖巫术执政的方式最终转变为依赖习惯法执政的方式；二是因为他舍弃了解释神意的垄断性特权，最终把神意归之民意，因此他是他那个阶层的一位无私奉公的杰出人物。

李木庵与陕甘宁边区司法改革

侯欣一 *

公元 1942 年前后，中国的抗日战争进入到了胶着状态。但此时处在战略后方的陕甘宁边区内却爆发了一场以强调审判规范化和人员专业化为主要内容的司法改革。遗憾的是，对于这次改革，在此后的中共正式文件和党史著作中都极少被人提及，人们似乎都在刻意地对此加以回避，当年改革的声音似乎早已被陕北那厚重而连绵的黄土高原所淹没。

一、李木庵等专业司法人员的到来

陕甘宁边区的司法制度是在原苏区根据地司法制度的基础上发展而来，它以司法半独立、革命化、程序简单、非专业化等为基本特点。与此相适应，陕甘宁边区早期的司法工作领导权也主要掌握在雷经天等职业革命家手里。但自 1940 年前后，情况发生了明显的变化。李木庵、张曙时、鲁佛民、朱婴、何思敬、陈瑾琨等一批系统接受过现代西方法学教育，并长期从事过司法实务工作的共产党人相继从各地来到延安，边区司法队伍的人员结构有了明显的不同。

李木庵（1884 ~ 1959），湖南桂阳人，字典武（午），清朝秀才。1905 年毕业于京师法政专门学堂，系中国较早接受过现代法学教育的人士之一，毕业后留校任讲习，立志匡时救国。民国初年任广州地方检察厅检察长。民国 4 年离职，在京津一带任律师，筹建两地律师公会。不久到福建任闽侯地方检察厅检察长。1925 年加入中国共产党。第一次国内革命战争时

---

* 作者为南开大学法学院教授。

期，任国民革命军第十七军政治部主任。大革命失败后，转入地下革命工作。1932年后，到南京任律师。1935年，到西安参与创设西北各界救国联合会，开展抗日民族统一战线的活动，参与推动张学良、杨虎城发动西安事变。1940年11月到延安，任边区政府法制委员，陕甘宁边区高等法院检察长。

对于李木庵等受过现代西方法学教育的人来说，陕甘宁边区的司法制度显然难以接受。于是他们便通过各种渠道和方式，对此自发地加以抵制，而这种抵制一旦遇到合适的机会，就会变成一种有组织的行动。

其实，李木庵等人所推行的司法改革也有着深刻的社会背景。从表面上看，陕甘宁边区固然是当时中国经济、文化上最为落后的地区，加之又处于战争环境，对现代司法制度的需求并不足。但问题是自抗战以来大批知识分子源源不断地涌进延安，这些人当中既有大学教授，又有青年知识分子，还有来自于南洋的华侨子弟，他们的到来极大地改变了中国共产党的结构，据统计1937年中共有党员5万人，到1940年达到了80万，而新党员中知识分子占90%，边区内部人员构成这种新的变化，使简单粗糙的司法制度自然又多了一些反对者。

不仅如此，新形势的压力也在一定程度上迫使着边区政府的决策层下决心对现行的司法制度进行完善和改革。阅读陕甘宁边区司法制度领导人谢觉哉的日记，我们可以发现从1942年起，其日记中有关司法问题的记载和思考开始增多，同时，他对现行司法制度及其领导人的不满也开始公开化：

> 边区司法似乎是政权中较落后的一环，原因，大家对司法不注意，不去研究，很少人有司法知识，人民缺乏法律观念，而我们又是要求比旧民主主义进步的司法；老百姓要求断讼的公平、迅速，又很迫切。因此更显得司法工作的落后。
>
> 拿实际事件来启发智力，教育干部，谁都知道。但并不是知道就能做或会做，甚或对他反复提示，他还不知道或不愿去做。司法是要用脑筋又最易牵涉及发见各方情状的。然而边区设司法七、八年了，总是茫茫然，连好坏判例都举不出，更不要说帮助立法。

谢觉哉的日记中没有公开点出被批评者的名字，但佐之其他材料我们完全可以证明谢这里批评的就是高等法院院长雷经天。不仅如此，这种公开的不满也反映在政府的文件和函件中。

二、改革的内容

1942 年，雷经天被派到中央党校学习，李木庵被任命为陕甘宁边区高等法院代理院长，改革正式开始。关于这次改革的指导精神和目的，李木庵上任伊始写的一份给边区政府的报告中做了非常清楚的说明："一、提高边区的法治精神；二、切实执行边区的法令；三、使边区人民获得法律的保障；四、建立适合边区的司法制度。"在同一份报告中，李木庵还多次提到改革的目的就是要"肃清游击主义的残余，建立革命秩序，养成法治习惯"，"建立适合边区的司法制度"。

改革的内容，大致可以归结为以下几个方面：

第一，改变过分强调法律阶级属性的做法，强调审判独立。

1. 培养法治精神。1943 年李木庵主持起草《县司法处组织条例》，尝试通过法律在县级范围内将司法与行政之间的关系进行规范。如该条例第九条规定："司法处办理民刑案件之程序，悉依边区民刑诉讼条例之规定。"李木庵的用意是在强调司法人员审理案件时须严格依法办事，尽量不受或少受诸如当事人的身份、领导人的意见，甚至政策等干扰。

2. 适当援用南京国民政府的法律。边区高等法院在 1942 年工作报告中规定："边区政府，为国民政府一部分，是一个完整的地方政府，所以国民政府颁布的法律（民、刑、民诉、刑诉）一般可以使用。"

3. 取消乡人民仲裁委员会以及群众公审。

第二，完善诉讼审判程序，加强法院的内部规范化管理。

1. 健全和规范各种司法文书。1942 年 4 月 15 日，李木庵一上任就发布第七号指示信，特别强调"受理案件，无论是自诉或公诉，必要有起诉书，当事人没有起诉书，由受理该案的机关为之代写，以便有案备查"。此外，李木庵还狠抓了诸如诉讼案卷的建立和保管，各种统计报表的健全等工作。

2. 实行败诉方收费制度。陕甘宁边区实行的免收一切诉讼费用的做法在方便了民众的同时，也在一定程度上造成了诉讼的泛滥。为了对此现象加以纠正，李木庵在陕甘宁边区《民事诉讼条例草案》中大胆创造，规定实行败诉方收费制度。

3. 确立审级制度。李木庵执政后，开始严肃审级。一是明确强调地方法院和县司法处受理一审案件，高等法院只受理二审案件。二是设立再审程序。三是推行三审制。

第三，建议设立检察机关。在边区第二届参议会上，李木庵、张署时、何思敬、朱婴等联名提出议案建议设立独立的检察机关。并在《解放日报》上发文，呼吁和强调设立独立检察机关的必要性。

第四，规范审判方式和过程。

1. 规定审判方式以坐堂办案的庭审为主。边区早期审判方式以对话式为主，较为随意。李木庵主政期间，尽量地强调审判方式的规范，同时对法官的独任制和合议制也做了进一步的要求和强调。

2. 加强证据建设。1942 年，边区高等法院主持起草了两个诉讼条例，颁布了《关于搜索和扣押的规定》《关于勘验的规定》等文件，对证据的种类、证据的收集、证据的运用与认定等，均做出了详细而明确的法律规定。

3. 规范判决书的内容与格式。边区早期由于司法人员文化水平较低，判决书较为简单、随意，甚至还有无判决书的情况。从 1942 年起高等法院对判决书问题做了专门规定，要求所有的案件，不问大小都要制定判决书，并对判决书的格式和内容做了明确规定。

第五，司法工作和司法人员专业化。

1. 淡化法院的行政化色彩。陕甘宁边区司法系统创办的初期，法院的行政化倾向十分严重。李木庵上任后在自己力所能及的范围内对此进行了适当的改革，同时减少开会，增加办案时间。

2. 不得随意借调审判人员从事其他工作。李木庵向边区政府建言不得随意借调审判人员，边区政府于 1942 年 11 月 18 日为此专门发布命令：查司法工作，为政权工作中重要之一环，如司法工作无成绩，政权工作，亦必倍形减色。则各该县凡担任司法工作之干部，如非万不得已时，不应随便调做其他行政工作，致使诉讼事件无人专门负责，以致引起当事人不满。切切为要。

3. 强调司法人员专业化。具体做法：一是对现有人员进行法律业务培训；二是“尽可能罗致在边区的司法人员来参加司法工作”；三是将某些不称职的工农干部进行调换，如将原高院推事李育英调离审判岗位，去从事保卫工作。

三、失败的原因

改革以失败而告终。是什么原因导致了这场改革的失败呢？大多数人或许会认为是时机问题，如战争环境等。这话有一定道理，但除此之外，笔者认为还包括以下几点：

第一，原有司法人员的反对。李木庵等人的改革引起了原有司法人员的强烈不满和反对。原有司法人员的不满首先是双方对法律和司法工作的性质与任务认识的不同所导致的。如对于不注意程序问题，雷经天公开承认并坚持认为这正是新型司法制度的优点，是根据地法律与一切旧的剥削阶级的法律的不同之处，他说：“在第一届参议会讨论边区施政纲领时，我们就提出建立便利于人民的司法制度，一切为着人民着想，真正为群众解决问题，故诉讼手续非常简单，着重于区乡政府的调解和仲裁，没有什么审级、时效、管辖的被限制，案件处理也比较迅速，因此受到许多旧的法律学者（李木庵、朱婴等——作者注）的非难，说边区的司法工作仍然保持游击主义的作风，而极力主张正规化。换句话说，就是要将边区的司法工作依照国民党一套去做。”

其次，李木庵等人推行的改革伤害了原法院系统内一部分从业人员的情感和自尊心，如李木庵的改革中规定审判必须制定规范的判决书，并对写作不规范者进行批评和“斥责”，其结果使相当一部分人无法工作。“延安地方法院院长周玉洁因为不会翻法律条文，只得请学过法律的推事帮助写判决书”。类似周玉洁这种一直被视为边区司法系统的骨干并掌握着一定实权的同志，对所面临的尴尬和难堪，积攒到一定时候势必会爆发。

至于反对的策略，雷经天等人始终将改革认定为是一场政治斗争，而非技术问题，杀手锏则是利用整风审干的时机，对李木庵等从组织上进行清算。延安整风运动到 1942 年底进入审查干部阶段后，由于受康生等人的错误影响，有些单位利用逼供讯等手段将凡历史上同国民党有些关系，或从国统区新来的知识分子，只要对延安的政策、做法有过批评、甚至牢骚者，几乎均打成特嫌。李木庵所重用的郭钢钟、陈质文等均在列。而其他地方法院中，李木庵所重用的新人，如绥德地方法院的孙敬毅等，也均被定为特务。不仅如此，直接参与领导了此次改革的重要人物朱婴，也因在审判中被认为有倾向、偏袒剥削阶级的行为，而在 1943 年八九月份受到了党内处分。

第二，失去掌权者的支持。随着李木庵等人改革的深入，特别是随着双方矛盾的加深，谢觉哉对改革的态度开始出现变化。这一点在谢觉哉的日记里反映得极为清楚。在改革开始阶段，边区政府对待改革的支持态度极为鲜明，甚至可以说，这次改革在很大的程度上是在边区政府支持下方得以开始的；但一旦改革出现了试图脱离政治，脱离民意支配（民众的不满主要是嫌程序烦琐，效率太低），而朝着形成具有自己独立知识系统和价值取向方向发展的时候，边区政府便感到了问题的严重。一旦改革显现出了脱离党政领导的倾向与可能时，尽管谢觉哉清楚地知道李木庵等人的做法并无政治目的，只是想完善司法制度，谢觉哉也仍然一刻不能容忍。

事到如此，李木庵下台就成了一件不可避免的事情。

四、失败之后果

1943 年底，李木庵以身体有病为由，辞去边区高等法院代理院长的职务，改革以失败而告终。

1944 年 1 月，陕甘宁边区政府委员会第四次会议上，以政府工作总结的方式正式对这次改革从政治上做了定性：这次司法改革是一些旧的法律工作者，“脱离边区实际和边区人民的需要”，“照搬旧型司法制度和旧型法律”的结果，核心是要“司法独立”，改革导致“人民的正当权益或有遭到损害，而破坏分子的不法行为或且反获宽容”，并给边区司法工作带来了“坏作风”。

改革的失败对边区的司法制度影响十分深远。

第一，原审案件被推翻。1944 年 2 月，边区政府发布指示，对李木庵主政期间司法系统所审理的案件重新进行审理。有了这个尚方宝剑，雷经天复职后，所做的第一件事就是“清理案件”，这给社会民众在司法意识方面所带来的影响，不言自明。

第二，程序意识进一步泯灭。李木庵改革失败后，司法制度的规范化建设和程序意识受到严重打击，以至于此后在相当长的一段时间里，人们对此心存顾虑，不再敢涉及。边区领导人林伯渠在1944年初的政府工作报告中指出：今后“诉讼手续必须力求简单轻便……判决书必须力求通俗简明，废除司法八股”。

第三，工农干部重新成了司法人员的主流。改革的失败在一定程度上加大了原本就有的对那些曾受过系统法学教育的司法专业人员的不信任，以马锡五为代表的工农干部也开始正式走向了边区司法战线的前台。

第四，行政领导司法的体制进一步强化。边区政府从1942年下半年开始，对司法制度进行彻底整顿，对那些“闹独立”的同志进行批判，停止工作或调离司法岗位。同时对现行司法体制进行改革，开始实行县长兼司法处长、专员兼分庭庭长的制度，这一工作到1944年春基本完成，行政领导司法进入到了一个新的阶段。

第五，边区法院进一步边缘化。改革的失败使边区法院的权威被削弱，而法院权威的削弱则不可避免地进一步加剧了边区法院的边缘化。如1944年，边区关中分庭的司法工作总结中讲到：“领导对司法工作的认识不够，甚至于看不起司法工作。”

这使得不仅一般的司法人员，即便是李木庵等党内高级领导，从此也对司法工作心灰意冷，李木庵就曾给谢觉哉写信，以身体衰弱为由，想辞去一切与法律有关的工作，谢觉哉为此专门作诗勉励：

虎虎李夫子，出山才十年；
正宜歌破浪，未许赋归田；
政易法须革，诗成史共编；
待增齿发健，岁艳续魍弦。

法治奇闻五则

崔　敏*

不久前得知发生在某省的一起错案。此案的起因，事涉 ×× 市 ×× 镇前后相隔五年发生的两起灭门命案，共有两户人家 6 人被杀死，1 人被杀伤。1995 年发生的"前案"久侦未破；2000 年"后案"发生后，公安机关捕风捉影地抓来 7 名嫌犯，指控他们就是这两起灭门命案的杀人共犯。诉讼过程曲折反复，历时十余年，×× 市中级人民法院三次一审，先是认定"雇凶杀人"，对 6 人判处死刑，另将"第一主犯"之妻以"包庇罪"判刑 3 年。7 名被告人均不服判，上诉后，省高院两次以"事实不清，证据不足"发回重审。其后，原审中院认定"雇凶"的事实并不存在，对"雇凶者"和"包庇者"宣告无罪，仍对 5 人判处死刑。省高院于 2011 年 11 月 12 日作出终审判决，将"后案"推翻，对原判死刑的 3 人宣告无罪；但却维持了对"前案"的认定，将原 ×× 等 2 人改判死缓。

这里摆放着市中院和省高院对这一案件的前后六次判决书。此案反复折腾了十年，留下了一笔糊涂账，但却为我们提供了研究当今司法现状的珍贵资料。

这些原始案卷真是无价之宝，仔细翻阅，可以看到种种未曾听说过的奇闻。下面列举五则，请读者评判一下，究竟奇也不奇？

奇闻一：终审判决宣告无罪者又被非法拘禁两年

先看省高院的终审判决书，该判决书的最后两句话是：

---

* 作者为中国人民公安大学法律系教授。

“宣告上诉人陈 ××、尚 ××、杨 ×× 无罪。”

“本判决为终审判决。”

下面的落款是2009年11月12日，加盖有“×× 省高级人民法院”印章。

然而，终审判决出炉了，事情的进展却超乎人们的想象：省高院委托原审法院（×× 市中级法院）代为宣判，但原审法院不接受宣告三名被告人无罪的判决结果，竟将这份终审判决书压了两年不予宣判，三名无辜者仍被当做“杀人犯”关押在看守所。直到两年后的2011年11月4日，×× 市中级法院才派人拿着这份终审判决书到被告人羁押地的基层法院进行宣判，随后将三名无辜者释放。可怜这三位早先已坐了九年冤狱的农民工，竟由于明确宣告其无罪的终审判决迟迟不予宣判，又被非法拘禁了两年！

“拒不执行法院判决”是一种公然违法的行为，情节严重者构成犯罪。摆在眼前的这一实例，是下级法院拒不执行上级法院的终审判决，这又该如何定性？如果说在省高院的终审判决未作出前，三名无辜者坐了九年冤狱还可说是由于工作失误造成的，在宣告无罪后，假如各级法院能够做好善后工作，尚能取得蒙冤者和公众的谅解。现在的情况却是：由省高院终审判决明确宣告无罪的三名无辜者，竟又被继续关押两年，这是明明白白的非法拘禁。而拒不执行法院判决和非法拘禁的主体，不是别人，竟然是执掌审判权和执行权的 ×× 市中级法院！

由此可以看到，某些地方的司法官员拥有何等巨大且不受约束的法外特权！如此蔑视与践踏法律，明目张胆地执法犯法，令人吃惊。

像这样的事情，读者诸君过去可曾听说过？您说算不算“奇闻”？

奇闻二：丢失的“物证”被用作认定杀人的证据

在本案诉讼文书中，有一份由公安机关出具的《说明》，被用作指控被告人杀人的证据。此《说明》的原文如下：

> 1995 年 ×× 市 ×× 镇杨 ××、杨 ××、杨 × 等人被杀案现场提取的物证菜刀、钢镐各一把，在我处多次查找均未找到。

鉴于时间较长，加之技术楼多次装修、搬迁，有可能在我处遗失。

2002年4月27日

按照此《说明》所陈述的情况，公安机关承认在被杀案现场提取到的菜刀、钢镐各一把“有可能遗失”。换句话说，这两件所谓“物证”早已灭失，而之所以灭失，是由于自己的渎职行为造成的，因此它们在诉讼过程中从未出现过，更不可能在法庭上出示，检察官、法官和当事人都没有见到过，甚至未曾听说过。

然而，公安机关却要用一纸《说明》来让这两件并不存在的“物证”起死回生，说“菜刀、钢镐各一把”曾被提取并将其存放于技术楼内，用来证明被告人曾使用它们作案。而承审法院竟然认可了这一《说明》，将这些并不存在也不可能出示的“物证”用作证明被告人“杀人”的证据。

像这样的事情，读者诸君过去可曾听说过？您说算不算“奇闻”？

奇闻三：公安机关一纸证明，竟能“证实”不存在刑讯

在本案的诉讼过程中，所有被告人以及他们的辩护律师一再喊冤，并指控曾经受到严重的刑讯逼供。然而，对于被告人提出受到刑讯逼供的指控，两级法院一致否认。在省高院的终审判决书中，有如下一段判词：

> “公安机关出具证明，证实他们在侦查、审讯该案过程中依照法定程序进行讯问，没有刑讯逼供、指供等违法行为。被告人原××、汤××及辩护人所提公安机关刑讯逼供的理由，与查明的事实不符，本院不予采信。”

这一段判词，算得上一段今古奇文：公安机关出具一纸《证明》，不仅可以“证实”自己是“依照法定程序进行讯问，没有刑讯逼供和指供等违法行为”，而且还有如此超强的证明力，足以驳倒当事人所提曾受到刑讯逼供的指控！不知法官凭什么相信这种“自证合法”又能驳倒对方的强辩？其威力竟比古代的神示证据还要厉害！人们从这一事例中可以看到：

行使审判权的法院直接背离了“中立、客观、公正”的审判原则。这种丝毫不讲道理的判词，充满了霸气，让人感到可畏、可憎。

像这样的事情，读者诸君过去可曾听说过？算不算“奇闻”？

奇闻四：没有雇主的“雇凶杀人”

省检察院曾以姚 ×× 承认“出资 2 万元雇凶”的证词，作为指控原 ××、汤 ××“受雇杀人”的证据。如果此证词属实，姚 ×× 应是本案的第一主犯，但早在 2002 年 1 月 24 日，姚 ×× 就被取保候审，检方并未对姚 ×× 提起公诉，姚本人也始终未在法庭上出现。没有“雇主”的“受雇杀人”，何能成立？

像这种没有“雇主”的“受雇杀人案”，读者诸君过去可曾听说过？您说算不算“奇闻”？

奇闻五：判词本身自相矛盾

省高院的这份刑事判决书，最后有这样一段判词：“本院认为，上诉人原 ××、汤 ×× 持械杀死杨 ××、杨 ××、杨 ×、杀伤张 ×× 的行为，已构成故意杀人罪，且手段残忍，情节、后果均特别严重，原判决认定基本事实清楚，基本证据确实。鉴于本案的具体情节，对原 ××、汤 ×× 可不立即执行死刑。”据此，对原、汤二人，将原判死刑立即执行，改判死刑缓期二年执行。

这又是今古奇文——既然“认定原 ××、汤 ×× 持械杀死三人、杀伤一人，且手段残忍，情节、后果均特别严重”，依法应当判处极刑，绝无从宽发落的道理。然而，后面又说“鉴于本案的具体情节，对原 ××、汤 ×× 可不立即执行死刑”。

这一段判词，语无伦次，逻辑混乱，前言不搭后语，实在不成体统，它表明：法官明知原、汤二人不是真凶，下判决时理亏心虚，便作出了这个无法自圆其说的荒唐判语。

像这样自相矛盾的判词，读者诸君过去可曾听说过？您说算不算“奇闻”？

尾声：某些执法人员的冷酷实堪忧虑

上述几点，反映了某些地区司法的实际状况：一面是铺天盖地地高调宣传“以人为本”和“司法为民”，承办本案的干警纷纷立功、受奖、升迁，荣誉和桂冠一顶又一顶地袭来；在歌舞升平景象掩盖下的另一面，却是对弱势群体的漠视和对无辜者被冤枉的冷酷。

行文至此，想起孔夫子说过的一句话，照录如下：

> 孔子曰：“今之听狱者，求所以杀之；古之听狱者，求所以生之。”与其杀不辜，宁失有罪。今之狱吏，上下相驱，以刻为明，深者获功名，平者多后患。谚曰：“鬻棺者欲岁之疫。”非憎人欲杀之，利在於人死也。今治狱吏欲陷害人，亦猶此矣。[1]

这段话译为现代汉语，意思是：

孔子说：“如今的法官，总想找到理由把人杀掉；而古代的法官则是力求给人留一条生路。”与其把无辜的人杀掉，宁可放掉有罪的人。如今的狱吏互相攀比，以刻毒为高明，凡能加刑重判者，皆可立功获奖；公正执法则会带来后患。正如谚语所说：“卖棺材的希望年年都发生瘟疫。”并非是他憎恨谁想让人家死去，而是因为死人多了，他的棺材才能卖得快。司法官吏之所以要陷害人，道理就在于此。

孔子的这番感慨，话虽不多，却点出了问题的要害。想到此处，真让人感到不寒而栗！

---

[1]《历代刑法志》，群众出版社 1988 年版，第 24 页。

从“阿云之狱”看北宋党争

赵晓耕 *

一、众议频繁的一件寻常命案

《宋史·刑法志》记载了一个著名案件“阿云之狱”。此案发生于宋神宗熙宁元年（公元1068年），登州（今山东烟台、蓬莱一带）地方官奏报当地有一个叫阿云的女子，在母亡服丧期间被许聘给一韦姓男子，她因嫌恶韦某丑陋，谋杀韦某但没有将其杀死，据说是仅断其一指。当县官怀疑她，将要审问她的时候，她供认了犯罪事实。此案因属于性质严重的命案而被逐级上报。

早在此案发生前的当年七月，宋神宗曾颁布诏令：凡是谋杀被害人致其受伤，司法官将要纠举审问时，罪犯自首，依照谋杀罪减刑二等论处（简称“七月诏令”）。此后，审刑院、大理寺判阿云死罪，并以违反服丧期间不得婚嫁的律文为由奏报皇帝裁决，皇帝在同意此判决的基础上赦免了阿云死罪。

（一）内外两制初议

起初，登州知州许遵上奏，主张对阿云以杀伤罪论处，同时适用上述诏令予以减刑二等论处，不应判死刑而赦免。但刑部核定的意见与审刑院、大理寺相同。这时候许遵被任命为大理寺卿，御史台奏劾许遵判决不当，而许遵不服，请求将案件发由内外两制（翰林学士和中书舍人知制诰）讨论。皇帝于是命令翰林学士司马光、王安石共同讨论，结果是司马光支持刑部判决，王安石则支持许遵的判处，二人各持已见，分别上奏皇帝。神宗诏

---

* 作者为中国人民大学法学院教授。

命采纳王安石所议。

（二）翰林学士与知制诰重新审定

而御史中丞滕甫仍请求再推选官吏评议此案，御史钱顗甚至奏请罢免许遵大理寺卿的官职。皇帝又下诏将案件送交翰林学士吕公著、韩维，知制诰钱公辅重新审定。吕公著等人的意见与王安石一致，于是皇帝又诏从安石之议。但是法官齐恢、王师元、蔡冠卿等都有异议，他们奏告皇帝，说吕公著等人所议不当。于是神宗又命王安石和齐恢等人共同讨论，反复研究这一备受争议之案。

（三）一律依照“七月诏令”办理

次年（公元1069年）二月庚子，宋神宗下诏：凡是今后谋杀人自首的都要上奏，听从敕令裁决。同月王安石被任命为参知政事，他向神宗上奏：“按照律文的意思，因犯杀伤罪而自首的，得以免去所因的罪，仍然依照故意杀伤的规定论处；若是已经杀了，则准照故杀罪的规定，为首的判死刑，不需奏报上裁；从犯的处理自有编敕奏裁的条文，不需再立新的诏制。”他就此案与唐介等在皇帝面前争论了多次，最后皇帝接受了王安石的意见。神宗再次下诏称：今后此类案件的处理一律依照去年七月的诏书办理。

（四）枢密院再议

但关于此案的争议并未停止，判刑部刘述等又向宋神宗奏请由中书省、枢密院两府合议，御史中丞吕诲、御史刘琦、钱顗也都提出同样要求。宋神宗认为律文规定已经很明确，不需再合议。而曾公亮等都认为，广泛收集异同的意见，说服意见不同的人，无妨再议。这样，又将此案付诸枢密院评议。文彦博认为：“所谓杀伤就是图谋杀死而致伤，已经杀了，不可以用自首。”吕公弼认为：“杀伤罪在律文上是不可以用自首的。今后已经杀伤人的罪犯请依律惩办，其从犯协助加功者自首，要奏报皇帝裁决。”而陈升之、韩绛的意见与王安石的主张略同。

（五）哲宗又下诏

元丰八年（公元1085年），尚书省向宋哲宗上奏：“凡是已经捕获的盗贼，有已经杀人，以及原来犯有强奸罪、强盗罪免死而改判流配的，如果再犯罪被捕获，官吏照例适用知人欲告、或按问自首减免法。况且律文规定的自首减等判处遣流之刑，是因为其罪情还不是最大的危害行为，并且有改过自新的愿望。至于强奸、劫盗，与其他犯罪不同，难以照自首之例减刑。现在奏请凡是强盗已杀人，以及强奸罪或原犯强盗罪宽贷免死，还有三人以上持有器械的此类犯罪，知道他人将要告发，或按问将要举发时自首的，以及有人代替罪犯自首而应宽减的，都不属于减等之例。”以前，王安石与司马光争议“按问自首”法，神宗认可了王安石的建议。此时，司马光任宰相，他重申了自己的观点。于是哲宗又下诏：“强盗按问欲举而自首者，不用减等之法。”

（六）哲宗再下诏

不久给事中范纯仁又上奏哲宗：“熙宁年间按问欲举条款都得以原减，所以包庇罪人太多，元丰八年，别立条制。对于已杀人、强奸，依法规定不适用自首，不应改用按问自首减等法。至于犯死罪但宽贷和持有器械的强盗也不减等，实在太重了。按《嘉祐编敕》的规定：‘应定为罪犯的人，因被怀疑而拘留，赃证还不确凿，或同案人已经被捉获，还没有被指控，罪犯本人在审讯过程中一经讯问便供认不讳的，都按照自首减等法处理。如果已经诘问而拒不认罪的，就不在自首减等之例。’这条敕令当时适用全国，都说允当合理。我请求依法不得自首的罪犯，一律不得宽减刑罚，其他罪犯可适用《嘉祐编敕》定罪量刑，这样就合情理了，帝王广布仁爱之德，臣民就不会蒙受不白之冤。”哲宗接受其建议。

二、名为案件适法之辩实为党争

这本是一起平常的民妇杀人未遂案，但《宋史·刑法志》却予以详细记载。其中关键的原因乃是皇帝、群臣对于此案中的一个重要环节——自首如何认定，而引起的广泛争议；该争议绵延两朝，史所罕有。正史本为帝王将相之家谱，因此，此案之主犯阿云最后的结局如何并未详述，相反对群臣有关“自首”的反复争论却浓墨重彩。北宋以降，千百余年，“阿云之狱”被后人反复谈论，遂成千古名案。以往，人们多经由此案或仔细推敲宋代犯罪自首制度，或详于探究宋代司法审级规定，或反复论述宋代律敕关系，笔者也曾经对这些方面做过探讨。但进一步思考，从“阿云之狱”涉及的皇帝、群臣的轮番论辩中，我们正还可以隐约窥得北宋一朝由王安石变法而引发

王安石（1021 ~ 1086），北宋政治家、思想家、文学家。提出变法主张，推行富国强兵政策。因保守派反对，新法遭到阻碍被辞退。

的愈演愈烈的党争。

大臣党争，历代不绝。虽然孔子曾经说过君子群而不党，但君子结党自汉以来已经屡见不鲜（如东汉党锢之祸）。北宋党争萌芽于仁宗朝范仲淹等所主导的“庆历新政”，到“熙宁变法”时达到高潮，并愈演愈烈，直至靖康亡国。“阿云之狱”发生于党争不断的“熙宁变法”的前一年，第二年王安石即任参知政事（副宰相），此后又两度出任同中书门下平章事（宰相），由变法而激发的新旧两党之争也随之愈演愈烈。

此案中争论双方的代表即为“熙宁变法”中新旧两党的“党魁”——王安石和司马光。王安石，历任知县，通判、知州、提点刑狱等地方官。宋英宗治平四年（1067 年）神宗即位初，诏安石知江宁府，旋召为翰林学士。

王安石早在仁宗朝就曾上万言书，力陈变法，求富国强兵之道。创立“荆公新学”，为变法创造理论根据。宋神宗赵顼在宋代诸帝中以革故鼎新、锐意进取而著称，在其即位之初便力排众议，任用王安石为股肱之臣，力图除诸世之弊，振非常之功。但是新法推行之初就遭到以司马光为代表的守旧派大臣的强烈反对，政见的不同演变为互相攻讦的党争在所难免。

司马光，仁宗宝元元年（公元 1038 年）中进士甲科，历任谏议大夫、翰林学士、御史中丞等职。司马光政治上趋于保守，强调祖宗之法不可轻变。在王安石当政推行新法后，因强烈反对而自请离京，被宋神宗于熙宁三年（公元 1070 年）贬知永兴军（治所西安），后退居洛阳，任西京留守御史台。

在本案王安石和司马光围绕如何定罪的交锋中，王安石支持许遵，认为“谋杀已伤，按问欲举”适用减等，而司马光等认为谋杀不适用自首减等。宋神宗支持王安石侧面反映了对其的信任。宣称“天命不足畏，祖宗不足法，人言不足恤”的王安石，在对此案的处理中和众多政见不同者唱反调，体现出其果毅厉行的改革家风格。史载在熙宁二年，刘琦、钱顗、范纯仁忤安石，遭贬官；而刘、钱二人正是在此案之争中均反对王安石的意见。元丰八年（公元1085年）三月，神宗崩。年仅十岁的哲宗赵煦即位后，垂帘听政操控达八年之久的太皇太后高氏历来反对新法，任司马光为相，实行“元祐更化”，新法尽废。司马光主政后，又重申自己对“阿云之狱”的观点，强调按问欲举而自首不适用减等，于是哲宗不得不下诏从司马光之议。

宋朝诸帝礼遇群臣，厚禄养士，议政之风日盛，然宋代党争之烈为历代之最。北宋立国百余年来，外则诸夷环伺，屈辱维和；内则盗贼蜂起，冗员盈朝。为改变内外交困，国势日衰之局，王安石以理财与强军为重点实施改革，推行一系列新法。在多数新法因触犯既得利益阶层而跌遭保守派反对时，王安石的“三不足”之论颇有解放思想、与时俱进的理论勇气。然而新法的命运完全取决于最高当权者的抉择。神宗一朝虽然旧党反对不断，然终有皇帝支持而使新法得以推行。神宗崩后，旧党得势，支持和推行新法的新党尽被斥逐。哲宗朝太皇太后高氏垂帘，元祐年间旧党众臣唯高氏是从，对哲宗多有轻慢。于是在高氏去世后，哲宗亲政，改元绍圣，表明要绍述先帝神宗，遂对旧党又大加挞伐。追夺司马光爵谥，甚至要掘其坟墓，后因被谏阻才作罢。贬谪苏轼等旧党人于岭南，遇赦不还。哲宗之弟徽宗即位后，改元崇宁，表示继承父兄遗志，力行新法，令宰相蔡京书“元祐党人碑”，立于殿门，将司马光等三百零九人斥为奸党，昭其恶名于后世。然而南渡之后，宋高宗赵构为掩饰其父兄（徽宗、钦宗）亡国之耻，将责任推卸到王安石等新党头上，认为是由于其变法而导致亡国，将新党中很多人又打为奸党。由于南宋对新党的否定基调，影响到后世修《宋史》时将新党中很多人列为奸臣。

如此反复，河东河西，绵延数代，乃至借变法废法之名，行党同伐异之实。“阿云之狱”之争不过是北宋党争中两派互相攻伐的一个缩影而已。笔者认为庙堂诸公或不会对一个民间女子的生死如此关切，对律敕的理解之争也难脱朋党之争之嫌。“阿云之狱”得以千古流传，或许正是因为其是有为数众多的千古名臣参与的党争。正史详载此案，与其说是意在反映宋代适用法律的水平，不如说是昭示后人党争误国的传统价值观念。

一位老法官人生经历的转折

周道鸾 *

我是1950年2月参加革命的，至2010年正好60年。回想60年来我所走过的历程，大致经历了四次转折。

第一次：弃学投入革命大熔炉

1949年7月23日，当我还在澧县九澧联中念高中二年一期的时候，津市和平解放了，广大市民敲锣打鼓、鸣放鞭炮迎接解放军。解放军随即派员接管全市中小学校，宣讲革命道理，并动员年轻学子南下参加革命。宁静的校园顿时沸腾了起来。我被这些从未听说过、感到很新鲜的革命道理深深吸引住了，心想这是我参加革命的极好机会。经征得父母同意后，我决定放弃学业，于1950年2月从湖南来到湖北武昌，考入了以培养地方干部为主的湖北革命大学（校长为李先念，地址在都府堤），开始接受传统的革命教育。我如饥似渴地学习革命理论，给我印象最深、教育最大的是三本书：毛主席的《新民主主义论》、艾思奇的《大众哲学》、恩格斯的《从猿到人》。这是我参加革命后接受的启蒙教育。在革命理论的熏陶下，我有了较快进步，在“五四”青年节这一天，加入了新民主主义青年团。在“革大”的学习虽只有短短的八个月，却是我成长的起点。

1950年11月，“革大”毕业后，我分配到中共湖北省委统战部工作。不久，担任部团支部书记。后被派到湖北省浠水县参加土改，接受正在全国开展的轰轰烈烈的土地改革运动的洗礼。这是我第一次直接和农民群众

* 作者为最高人民法院咨询委员会委员兼秘书长，国家法官学院教授。

接触，了解农村，了解农民。通过土改，使我懂得了什么是剥削，地主是如何剥削农民的，农民为什么如此迫切渴望得到土地。

土改结束后，我调回统战部机关，在二处（即工商处）搞工商统战工作。在党的培养、教育下，1952 年 7 月 28 日，我光荣地加入了中国共产党，成了一名候补党员。不久，组织上选派我到中共中央中南局党校（校址设在汉口中山公园内）学习 4 个月（9~12 月），比较系统地接受了统战理论教育和党员标准、党员修养的教育，从而提高了对统战工作重要性的认识和作为一名新党员加强自身修养的必要性的认识。

第二次：考北大求深造

1954 年的全国高考，由于应届高中毕业生生源不足，国家教育部门动员符合条件（包括同等学力）的在职年轻干部报考。尽管我对在统战部的工作是比较满意的，但是基于求知的渴望，还是期盼求学深造，学得一门专业。经申请批准后，报考了北京大学中文系和外语（英语）系，因我从小学到中学，对英语比较感兴趣，长大了想当一名外交官。1954 年 7 月，当我接到北大录取通知书时，真是欣喜若狂，终于圆了上北大的梦啊！可打开一看，分到法律系，心里一下子就凉了半截。这是因为，我上中学时，对两种人最反感：一是“奸商”，二是“讼棍”。所以就跟我们处的处长（也是党支部书记）说：我不想去北大报到了。他马上说：“好，那明天开个支部会讨论讨论吧。”我一听，就害怕了，心想我刚入党不久，如果支部一讨论，说我“不服从组织分配”就麻烦了。所以，第二天一上班就跟处领导说，你不用开支部会了，我去北大报到就是了。但我仍心抱幻想，打算到北大报到后再“跳系”。当我把这一想法告诉趁暑假从北大南下回津市老家探亲，中途遇洪水滞留在武汉的饶国琼同学（后成为我的妻子）时，她说：你到北大报到后就“跳系”，作为一名年轻的共产党员，不起带头作用，影响多不好啊！这句话让我心里咯噔一惊，思想反复斗争后，终于决定不“跳系”了。应该说，我是“硬着头皮学法律的”。

我来北大后，抓住这个难得的深造机会努力、勤奋地学习，那时连周末大都是在图书馆度过的。1956 年向科学进军时，我还通过考试，获准学习第二外语——英语（第一外语是俄语）。可惜好景不长，1957年6月反右一开始，就号召“拔白旗”，批判向科学进军是“资产阶级教育思想”，开设第二外语的课程随之“叫停”。但这并没有影响我的学习积极性。当时考试实行5分制。我们系上的30多门课程中，20门主课，经考试除一门是4分（良）外，其余都是5分（优），从而以优异的成绩毕业于北京大学法律系。

1958年北大毕业后我被分配到北京市高级人民法院工作，开始在办公室当科员、书记员，一干就是20年。但不论干什么工作，我都兢兢业业，任劳任怨，想方设法把工作做好，多次被评为北京市高级人民法院和北京市的司法先进工作者。正因为这样，1966年6月“文化大革命”开始后，被扣上“黑苗子”“黑帮的大红人”的帽子，被关进“牛棚”进行“专政”。后来，虽解除“专政”，但在“四大帮”“彻底砸烂公检法”的反动口号下，仍被当做“犯严重错误的干部”，于1969年10月下放到北京市通县牛堡屯公社进行“劳动改造”，锄草、插秧、送粪、拔麦子、挑水抗旱等，样样农活全干过，而且不惜力，卖力干，真正做到和农民打成一片。农民一看，小周不是什么“犯严重错误的干部”，更不是“黑帮”，很快让我参加农村工作组，当选为奶牛大队党总支副书记。三年多的这段经历，虽然是“四人帮”对广大革命干部的迫害，但对我个人来说却是真正深入到农民生活中去，了解农民的生活和疾苦，了解农村现状的宝贵机会。可以说这是参加土改后与农民群众血浓于水的更深刻的一次教育。

1971年9月，林彪反革命集团被粉碎，我和全国人民一样，欣喜若狂。1973年5月，我从通县牛堡屯公社调回北京市高级人民法院。院领导征求我对今后工作的意见，我提出想到庭里去办案。领导同意，于是我被调到北京市中级人民法院刑庭办案，从1973年5月至1978年8月，整整办了五年多的案子。这是我到北京市法院工作后，第一次直接接触案子，不仅办理一审重大刑事案件，而且办理不服基层法院判决的上诉和抗诉案件。我非常珍惜这段宝贵的时间，全身心地投入办案中去，连走路、吃饭甚至做梦想的都是案子。当时庭里也统计每个承办人每月办结多少案子，作为考核、奖励的依据。我对庭领导说，你可以把疑难、复杂难啃的“骨头案子”交给我办。这样说的真实想法是，我不在乎每月办结多少案子，而在乎通过办案能吸取一些什么经验或者教训，以提高自己的办案质量和办案能力，不能像狗熊掰棒子那样，掰了一件是一件。

1976年10月，“四人帮”倒台，万民欢腾。1978年9月，组织上把我从中级法院刑庭调回北京市高级法院，后安排在刑一庭办案。1984年6月，市高院增设刑二庭，我调任刑二庭庭长，主管申诉、再审和减刑、假释工作。这样，我通过在中级法院刑庭和高级法院刑一、二庭办案，整个审判流程，从一审、二审、再审到减刑、假释，我都实践过了，各种诉讼程序和审判实务也都熟悉了。

1978年12月，党中央召开的具有重大历史意义的十一届三中全会，作出了把全党工作的着重点转移到社会主义现代化建设上来的战略决策，提出了发展社会主义民主和加强社会主义法制的方针，从而迎来了被法学界、法律界人士誉为中国“法制的春天”、社会主义法制建设“黄金时代”的一个时期。我有幸经历、感受了这个“黄金时代”。从1978年9月被调回北京市高级法院工作，至1984年，我先后被任命为高级法院研究科科长、司法行政处副处长、研究室副主任、主任等职务，从而结束了近20年的科员、书记员生涯；1982年11月3日北京市人大常委会任命我为北京市高级法院审判委员会委员；1984年4月中共北京市委任命我为北京市高、中级人民法院党组成员（当时是一个党组）；1984年6月29日北京市人大常委会任命我为北京市高级法院刑二庭庭长。1984年6月18日，当选为崇文区第八届人民代表大会的代表。从我职务上的连连提升，说明我们这些长期不受重用的“臭老九”开始受到重视，逐步落实了党对知识分子的政策。

从北大毕业后到北京市高、中级法院工作的长达29年的经历，我感受有三大收获：一是使我真正懂得了法律和司法工作的重要性。二是积累了比较丰富的司法实践经验特别是办案的经验，而这些经验是从书本上学不到的。三是提高了综合分析、判断问题和解决问题的能力。这些能力靠单纯办案是不能解决的。

第三次：浓浓的司法情结

1985年，北京市高、中级法院党组向市委推荐我任北京市高级法院的副院长。不久，中共北京市委政法委书记找我谈话，拟调我到北京政法管理干部学院任副院长。我说，如果是组织决定，我服从；如果是征求意见，由于我没有教学行政管理的知识和经验，难以胜任，还是继续留在高院工作为好。这时（1985年）我已被借调到最高人民法院参与全国法院干部业余法律大学刑法教材的编写工作。时任最高人民法院院长的郑天翔得知此事后，先后两次给北京市委第一书记李锡铭写信，希望调我到最高人民法院工作。由于最高人民法院领导坚持要调我，后经中央政法委员会秘书长多次协调，至1987年5月才正式调到最高人民法院。这件事在当时引起很多人的不解，议论说："周道鸾一下子由正处级（高院刑二庭庭长）连升两级为正局级，还不去，真傻！"在现行的"官本位"的体制下，级别的确是很有吸引力的。但对我来说，更有吸引力的，是我所热爱的法律专业，是我所从事的司法事业！

在最高法院与北京市委协商调动期间，时任最高法院党组副书记、常务副院长的任建新找我谈话，打算调我到最高法院任刑一庭庭长（缺位），问我有何意见。我表示没有意见，因我喜欢刑法学这个专业，刑事审判实务也比较熟悉。但当1987年5月到最高法院报到时，工作却变了，说郑天翔院长要一名办公厅主任，协助他进行工作。这样我就到了办公厅。同年8月15日，最高法院任命我为办公厅主任；9月5日，全国人大常委会任命我为最高法院审判委员会委员。1988年8月9日，最高法院举行首次新闻发布会，宣布正式建立新闻发布制度，我被任命为首位新闻发言人。后又因工作需要，1989年10月调任最高法院研究室主任。1992年9月至1998年5月任最高法院审判委员会专职委员。1993年12月，在我在职的时候，最高法院党组破例聘任我担任最高法院咨询委员会委员（相当于顾问委员会），直至1998年6月退休，退休后党组聘任我担任最高法院咨询委员会秘书长至2003年，这样我在最高法院任职长达11年。

回忆这11年期间，我除了参加审判委员会讨论，决定重大、疑难案件和研究有关审判工作的重要问题，参加重要司法解释的研究，起草重要文件，参与重要问题的决策以外，做了6件有意义的事：一是参加起草法官法；二是参加1997年刑法、1996年刑事诉讼法的修改；三是参加规范司法解释的工作；四是参加罪名规范化、统一化问题的研究；五是参加法院诉讼文书改革；六是以饱满的热情参加法官培训工作。为表彰我对发展我国高等教育事业作出的突出贡献，1992 年国务院授予我享有政府特殊津贴的专家称号。

第四次：工作上退休思想上不退休

1998 年 6 月 24 日，当我将近 68 岁时，组织上决定我退休，从此踏进了退休生活的大门，这又是我人生经历的一个新转折。

从参加革命到退休，我整整为党、为国家工作了 48 年（其中在法院工作 40 年）。退休以后，是不是对自己的要求就可以放松了呢？我认真思考过这个问题。“逆水行舟，不进则退”，思想上也一样。作为一名共产党员，工作上虽然退休了，但思想上绝对不能退休。如何才能做到思想上“不退休”呢？我体会到，除了心态保持平和外，就是要坚持不断学习。所以我把读书看报，不断充实、提高自己作为我退休生活的“第一要务”。

回想上北大以前，我对法律可以说一点也不了解，并不喜欢这个专业。如今，我从一个“法盲”，变成一个“法痴”，深深热爱上自己所学的专业，并把我过去所从事的司法工作，不仅仅作为一种职业而是作为一种事业来看待。这一切，都是党培养、教育的结果。退休后，我虽然不直接从事司法工作了，但思想上一直牢记一个老司法工作者的责任，时时关注中国的法治建设，愿意利用自己所学的法学知识和长期积累的司法经验，通过不同形式，为建设社会主义法治国家尽自己的绵薄之力。

人生座右铭

“业精于勤，荒于嬉，行成于思，毁于随”，是我人生的座右铭。回顾六十年来所走过的人生历程，不论在职时还是退休后，也无论是工作还是学习、研究，我事事都以“认真、刻苦、勤奋”当头。最高法院原院长郑天翔给我第一本论文集——《应用法学与司法实践》一书的题词是：“严正严谨、刻苦勇进”（1997 年 10 月）。之后，在“七七”抗战胜利 61 周年之际，郑天翔又亲笔给我题写“厚德载物”四个大字。这正是对我人生经历的真实写照，也是对我的极大鼓励。

六十述怀

杨立新 *

五十岁的时候，我写了《忽然五十》，感慨岁月飞逝，人生如梦，感悟了人生的很多道理。匆匆又是十年，转眼已属花甲之人，倒是没有了那些感慨。略作小文，以志之。

一

我的六十大寿就要到了，学生们商量要给我祝寿，但是有一个问题引起争论，即六十大寿的生日究竟是以虚岁计算还是以周岁计算。"周岁论"者认为，只有到了周岁，才是真正地到了六十岁；"虚岁论"者认为，虚岁生日就是结束了五十岁的年代当然是六十岁的开始。考察认为，周岁论者，以北京地区为主；虚岁论者，以东北和很多南方地区为主。如果按照东北的习俗，当然是过虚岁生日，尤其是六十大寿、七十大寿等，更是过九不过十。争论的结果，最后确定按照东北习俗，过虚岁。今年即辛卯年的正月初十，是我的六十大寿无疑。

想一想，其实生日还是以虚岁为好，就因为五十九岁的周岁生日，其实一个人的五十岁的年代就已经结束了，开始迈入了六十岁的年华，虽然60岁还没有满，但是已经开始了，并且要伴随着这一年的时光，五十岁就再也没有你的事了。因此，过虚岁生日，是实事求是；过周岁生日，其实是怕老，有点"装"。尤其是在实行退休制度之后，国人更是不愿意让自己更早地接近六十大寿的退休年龄，因此有过"人越长越小"一说，也是被逼的。

---

* 作者为中国人民大学民商事法律科学研究中心研究员、法学院教授。

二

六十大寿，其实多数人是不愿意过的，因为进入六十，就进入了花甲之年，如果是在过去，就是老人了。可是，六十大寿不过也得过，不服老也得服老，因为客观事实摆在那里。不过，在我心里，我还没有老，年幼、年轻的情景都在眼前：

——5岁记事时，独自生活在姥姥家的山沟里，足有半年，曾经被大鹅"追杀"过，曾经抓住吉普车奔跑而被摔得鲜血淋漓；6岁起就担负起为家里做饭和照顾弟弟的重担，成为一个名副其实的"家务儿童"或者"宅童"。

——上小学，是我自己拿着户口本，在学校排队报名，开学就光着脚丫沿着马路边雨水淌成的小溪，自己走到学校去上学；从三年级起，开始戴上三道杠，六年级当上了学校少先队大队长，高举一面星星火炬大旗在全校师生面前行进，一面各有一个女队员护旗；在小学的最后一年，成为全市学习毛主席著作积极分子，参加全市学习毛主席著作积极分子代表大会，第一次吃起"官饭"：每天交上9两粮票，不用交钱，就过上了每顿8个菜的"幸福生活"，一下子吃了6天，颇感幸福！

——初中开始就赶上了"文化大革命"，上学的第一天就学习造反有理，武斗中做了逍遥派，复课闹革命被选为学校革命委员会委员，成为红色政权的领导成员；在父亲被怀疑参与反革命暴动之后，不能继续做委员的工作，作了红卫兵代表大会主任，最后在毕业之前加入共青团。现在想起来，大概这是对我在插队落户中的积极表现的褒奖，入团或许就是一个"诱饵"，好让我带头插队，给同学做榜样，不过，没有诱饵也得去，因为没得选择。

——插队之后，跟农民生活在一起，时间不长，生活艰苦，但有无限风光，参加过一次专区的知识青年学习毛主席著作积极分子座谈会，一次县里的同类会议，一次全县的"双先会"（学习毛主席著作积极分子和学习毛主席著作先进单位代表大会），一次公社的"双先会"，成为该县知识青年的代表人物，在知识青年插队落户的运动中也算"风起云涌"过。

——参军入伍，保家卫国，确实是真实的心愿，因为那时中苏之间乌苏里江的"珍宝岛战役"刚刚打完，硝烟未尽，抱着热血洒边疆的决心而去，但战争却没有发生。经过和平年代的训练、烧砖、种麦、野营拉练，虽无功绩，倒也是兵中的文化兵，锻炼了意志，补习了文化，超期服役两年复员回家。

——值得一提的是，回到家乡，还做了10天工人，是正儿八经的钳工，做了半自动步枪的弹仓数十个，做坏的也有好几个。

——参加“五七干校”培训之后，成为家乡中级法院的法官。24岁时差点被提拔为民庭副庭长，因“四人帮”倒台而作罢，但幸亏未提，否则成为“双突”（四人帮时期的突击提干、突击入党）干部，“文革”结束之后还要罢官、检讨、交代。自此与法律结缘直至今日。跟着当时的几个老牌大学生学习法律，跟同龄法官、检察官一起研究法律。办过刑事案件、民事案件、行政案件，管过调查研究、律师管理，做过公证员，当时法院的所有工作几乎都做过。在中级法院工作15年，一次被评为全省劳动模范，两次被评为全省政法系统先进工作者，四次被评为地区模范干部，受过其他奖项无数，最后官至中级法院常务副院长、党组副书记。

——在最高人民法院工作3年，没有突出功绩，但积累了丰富的审判经验，学术研究大有长进，使自己的法学学术水平进入一个新层次，自认为收获颇丰。

——在最高人民检察院工作7年，被提拔7次，最后做到民事行政检察厅厅长、检察委员会委员。那时，确是全身心都投入到民事行政检察工作中，曾经想当做一辈子的事业去追求，无奈司法监督越多，距离司法公正越远，最后无奈离开。

——在中国人民大学教书已经10年，加上在烟台大学两年，已经从教12年。教书育人，研究学问，是我的事业的归宿，获得的成果是：培养博士、硕士百余人；法学专著和教材百余部，仅独著或者主编的“十一五全国规划法学教材”就有4部，还有论文500余篇；参加立法，见证《侵权责任法》在我们的手中诞生的过程！因而跟江平老师有同感：如果有下辈子，我还要做大学教授，还要研究法律！

三

六十个春秋，也有诸多遗憾！略举四例：

第一个遗憾，做官做了25年，没能做到副部级干部。看到同龄的各位长官都是部级干部，确有羡慕之心；但有一点聊以自慰，他们没有我的自由，也没有我的闲暇，也没有我这样可以随便讲话的机会。

第二个遗憾，做学问30多年，没有可能做到学部委员，可能做不到一级教授。不是用功不够，实乃进入校门太晚，又加上没有专业文凭，不怪别人。

第三个遗憾，一心研究学术，却没有学会外语。就像一个瘸腿的专家，研究问题多有不便，只能靠学生帮忙。发誓下辈子先学会外语，再去干别的！

第四个遗憾，做人不会圆通，经常直言伤人。直至今天“六十而耳顺”之年也经常耳不顺，或许到了七十就会好了。但愿如此。

是遗憾吗？其实也不算！因为人生怎么会十全十美呢？已经有了九全九美了，很不错了，可以上对得起父母、师长，下对得起子女、学生。起码学生跟着我学习不算丢人，足以自慰，无所遗憾！有人评论我说，一个人在30多年中做了两个男人才能做到的事情，一个是官至厅长，二是做学问做到教授。厅长加教授，约等于一个副部级，或者略等于一个学部委员？这是天真的九全九美的自我安慰。哈哈！

四

六十载春秋，于我完成九全九美的事业有恩者无数！没有他们，就没有我的人生和事业！

首先感恩我的父母：没有他们把我带到这个世界上，没有他们的宠爱和教育，就没有我的一切。他们的眼睛在隔着的一个世界里始终关注着我，督促我继续努力。我不断刻苦创造，是为报答父母恩。

感恩我的师长领导：从小到大，各位不同的老师精心培育，教我做人，传我知识，让我成为今天这样一个学者。各位领导给我机会，让我施展才华，积累丰富经验，能够在不同领域都获得工作成绩，成为一位法学专家。

感恩我的朋友同事：顺境的时候，他们为我唱起赞歌，为我祝福；逆境的时候，他们为我张开臂膀，提供安全的港湾。

感恩我的家人女儿：妻子和家人是亲人，给我爱和关心，给我腾飞的力量和基地。两个女儿是我的骄傲，留给我的都是欢乐。

感恩我的学生：12 年的教育工作，让我有了像袁雪石、王竹这样的一百多位学生，接受我的学问，传承我的学说，给我的都是关爱，给我的都是帮助，让我看到的是我的价值，也有将来的巨大希望。

……

要感恩的何止这些人！儿时玩耍的伙伴，中小学的同学，插队中的那些农民，军旅生涯中的战友，办案中的那些当事人……在我的成长中，他们都给我力量，是我不断成长的巨大动力。

五

我要特别说一说我的学生，因为他们是我的宝贵财富，是我快乐的源泉。

我爱我的学生，因为他们跟我的亲人一样。我曾经有一个心愿，那就是当年师长如何对我，我就要如何对我的学生，甚至要更好，把师长给我的一切都传给我的学生。我把每一位学生都放在心中，尽自己所能，为他们提供发展的条件，让他们茁壮成长。

我最关心的是学生的学问。在每一个学生做学问写论文的时候，传授给他们经验，告诉他们研究方法。在知道每一个学生晋升职称、转到新的学校、发表科研成果，甚至上课受到学生欢迎的时候，都是我的快乐时光。

我关心学生的进步。学生不做学问的，在职场打拼也挺好啊！做好每一份工作，为人民尽职尽责办好每一起案件，是法律人的职责。我愿意看到我的学生升官，尽管我自己不愿意再去做官。对我期盼努力做学问的学生放弃学问从事政务，尽管很生气，恨铁不成钢，但看到他们的工作进步，看到他们生儿育女，过着幸福的生活，也感到快乐——气归气吧。

我关心学生的思想。我愿我的学生都思想健康，成为幸福快乐的人。哪一个学生有了思想障碍，我愁云密布；看到他们破解难题，轻装上阵，我无比快乐。

我也关心学生的生活。学生找到对象的，向我“报批”（知道是假的，其实人家早已经谈好了，到我这里走走形式，不过也很满足），我快乐；生儿育女的，向我报告，我快乐；购车买房的，向我报喜，我快乐；就是在单位抢到房子的消息告诉我，我也快乐了好几天。

一百多位学生的学问，一百多位学生的进步，一百多位学生的思想，一百多位学生的生活，也给我带来很大的负担，然而更多的是巨大的快乐！付出精力，收获快乐，这是我爱我的职业，我爱我的职业的产品——学生的最大理由。

窗外下着飘飘洒洒的去冬今春的第一场雪。雪花飘进自己的院子，落在树上，飘在地上，和泥土融为一体。太阳晴好，雪花将化为甘露，滋养地力，长出幼苗，结出果实。我的职业何尝不是如此呢？

六

六十年春秋转瞬即逝，昨天已经过去，留下清晰的脚印；今天就在面前，还要努力工作；未来还有很多路要走，充满期待。秋季的香山，满眼红叶。六十岁，也是满山红叶的季节。载着希望、载着快乐，六十岁以后的生活，尽管可能不会再有花环，不会再有奖杯，不会再有辉煌，但有我钟爱的事业和亲爱的学生相伴，充满希望，充满快乐，一定会更加美好。

中国文科大学师生关系的悲剧性变迁

徐国栋 *

4年前，中国文科大学的师生关系是教与学的关系。教师是知识占有的高位者，学生是知识占有的低位者，通过教学，知识由老师流向学生，最终趋于两者知识水平的均衡。老师是知识的给予者，学生是知识的接受者，后者从前者学到了知识，所以感谢前者，称之为恩师。

2008年4月11日的一个文件修改了上述师生关系格局，按其规定，老师招收一名硕士生（法学专业的），应向后者每年支付500元。招收第一个博士生（法学专业的），应向后者每年支付4000元；招收第二个的，每年8000元；招收第三个的，每年16000元，依此类推。没有钱的老师，除非得到特殊批准，不能招收研究生。

无疑，新规定建立了需与帮或老板与工人式的新师生关系：老师做研究需要帮助，于是通过招收研究生得到这种帮助。帮助不能是无偿的，得到帮助的老师要向提供帮助的研究生支付报酬，于是，他们的关系变成了老板和工人式的关系。毫无疑问，2008年4月11日的文件撕下了曾笼罩在师生关系上的温情脉脉的面纱，把金钱关系加在他们之间。新的师生关系格局与旧的完全相反。在旧的师生关系模式中，需要帮助的是学生；在新的师生关系模式中，需要帮助的是老师。

据说这种新的师生关系模式来自理工科大学。在这种大学中，老师往往容易申请到并占有很多的科研经费，利用这些经费，他们开设实验室，有的规模还不小，每天都需要不少人在其中做实验，并有相当的材料耗费。老师用自己的科研经费开支这些人力物力费用。后来这一模式搬用于文科

---

* 作者为厦门大学法学院教授。

大学，首先是教育部所属重点大学的文科专业，然后打算推广到其他类型的大学的文科专业。其目的在于改变过去的研究生培养经费仅仅来自老师所在的大学的做法，迫使老师在自己的大学之外寻找经费培养研究生，途径是申请纵向的或横向的科研项目。前者来自中央政府或地方政府的招标，后者来自企业和其他社会组织。以前者为优，以后者为劣（但劣胜于无），因为获得前种科研经费意味着支持或参与了政府的决策；而获得后种科研经费不过是帮企业或其他社会组织解决了一定的实际问题，尽管政治性不强，但还是老师用知识服务社会的一种形式。

不排除上述老板和工人式的师生关系适合于理工科大学的可能，但它是否适合于文科大学，非常值得怀疑。理由一，文科项目大多是对策性研究课题，而文科中不是所有的学科都跟对策性问题相关，例如，我从事的罗马法研究就不能与任何对策性研究课题相关；理由二，即使赢得了文科项目，每个项目的经费也很少，几万元而已，不像自然科学，单个项目经费就可以达到天文数字，所以，文科老师不可能用科研经费开实验室，雇佣自己的许多学生在其中像上班族那样工作；理由三，与多数自然科学项目都可以通过多人协作完成不同，在人文科学领域，创造性的劳动往往都是独立完成的，出自多人之手的作品最有可能是平庸的作品或包含虚挂性作者的作品；理由四，参与文科研究需要更大的训练，不是一个刚入学的硕士生或博士生可以胜任的，例如，研究罗马法，需要懂得多种古今语言，古代的语言有拉丁语，最好懂古希腊语，现代的语言有意大利语、西班牙语、德语、法语，而刚刚入学的研究生往往仅仅懂英语，所以，即使让他们从事简单的查找资料的工作，也不胜任，更遑论让他们进行需要高度思考、具有批判精神的写作了。所以，学生除了能作为行政助理帮助老师，在研究方面，只能是老师帮助他们提高。不妨说，在文科大学，还是旧的教与学的师生关系模式更为合适。

这里说到了用学生当行政助理的安排，这是中国式的安排，因为不论在欧洲还是在美国，教授的行政助理都由终身雇佣的或临时雇佣的行政人员担任，体现了欧美大学中存在的分工：教授可以专心于其教学研究工作，琐细的事情可交给行政人员去做。而在中国的大学，由于行政人员掌握的资源长期居于优越于教师的地位，让他们为教师做琐事，没门！于是，在教师地位逐步提高的九十年代，大学开始为特别出名的教授以微薄的津贴雇请其在读研究生担任行政助理，主要工作是跑邮局寄送邮件、填写在中国大学多的不得了的各种表格等。水平高的行政助理还可以帮教授处理一些中外函件。这种学生充当的行政助理由个别到普遍，可能最终成了在文科领域把所有的研究生都助理化的决策的刺激之一。但是，既然在文科领域让研究生担任教授的研究助理是一项不可能的或虽可能但不好的安排，那么，把所有的研究生都变成教授的行政助理就贻笑大方了。按中国的体制，一名博士生导师每年可招3名博士生以及数额不限的硕士生，按3年的学制，一个导师可能有9个博士生以及同样数目的硕士生，让18个研究生都当行政助理？不可思议！所以，在2008年4月11日的改革之后，我编了一个笑话形容上述困局：我的十几个研究生拿了从我的科研经费里扣除的钱，却发现没有什么机会为我做什么事，于是感到难为情，无奈之下，他们为我做了一顶轿子，每天4次抬着我上下班，以免我步行之劳。即使在这一设想中，十几个人抬一个人，还是太多了，古代中国最豪华的轿子不过有8个人抬而已。而且我也不愿坐他们抬的轿子，因为上下班步行，正好是我不多的健身方式之一。

为什么说让研究生担任教授的研究助理是一项不可能的安排？简言之，我能做我现在的研究工作，是因为我获得过学士、硕士、博士3个学位，经历过在意大利两年、在美国一年的访学，懂得英语、意大利语、西班牙语、拉丁语等语言，有独著15本书和180多篇论文的经验，承认我的学生都可以和我共同做研究，等于抹杀我与刚出道的他们之间的巨大差别，改变我的老师身份，把我变成他们的同事！

为什么说让研究生担任教授的研究助理是一项虽可能但不好的安排？应该说，我的拒绝与研究生合写东西的做法只是一种选择，另一种选择是由老师牵头组织研究生写书。但众所周知，这样的书最大的特点是平庸，容易发生著作权纠纷。如果老师牵头写的是教材，可怕的后果是：相隔1年，师兄的习作就成了师弟的教材。所以，这样的师生合作，是爱惜羽毛的学者不屑为的。与之相反，却最为某些担任领导职务的老师所喜，因为他们没有时间用自己的手写作，只好借助于他人。如果写出的作品不好，由于他们占据重要位置，别人也是轻易不敢指出的。

2008年4月中国对师生关系的上述改革构成中国大学的特点之一。我从1982年进入大学教书至今，在大学已工作了30年，其间，我在意大利的大学（罗马二大）工作两年，在美国的大学（哥伦比亚大学）工作一年，对中外的大学有些比较性的观察。可以说，中国的大学除了上述特点外，还有不断进行物理扩张（表现为不断建设新校区、扩大招生规模）、缺乏方法论的更新（表现为一直使用传统的我讲你听教学法，没有引进构成现代西方大学灵魂的Seminar教学法）、教师队伍近亲繁殖严重、领导班子党政二元化等特点。这些特点累计起来，构成中国大学与西方大学的差异，差异的结果最终由中国最卓越的科学家钱学森在临终前提出来：为什么中国的大学培养不出一流的人才？尽管中国的高等教育规模已居于世界前列，但质量不如人意，最优秀的人才大都是西方大学培养的，钱学森本人就是如此。

2010年春天，我参加了乌托大学遴选新的博士生导师的委员会会议，学校定的标准除了达到其他条件外，是申请者必须有30万元的科研经费。两名申请者因此落选，剩下来3名申请者，他们分别是ABC。C是在最后的一刻被宣布为合格的，因为原来只有20万元科研经费的他在3天内弄到了10万元科研经费。在这3人成为博导以后，我从内线得知，除了A拥有货真价实的30万元科研经费外，B也是通过把自己的存款经过一个中介转入大学的科研账户凑成30万元之数的。当然，私人的钱进入大学的科研账户要扣除一定百分比的管理费，但对于B来讲，博士生导师终于到手了，这毕竟是中国大学教师的最高职业目标。

这些私人的钱转成了大学的科研经费，其支出方式之一是发放给招收的博士研究生。本来，把能否招收研究生与能否取得纵向或横向的科研项目挂钩的改革目的是迫使所有的文科老师都成为国家决策的参谋班子成员，并能以所学服务社会，但许多老师由于不能或不愿做到这一点，却也想当博士生导师，也想招研究生，于是，他们不得不把自己的私款冒充科研项目经费。这些经费的一部分要发给学生，当然，确也有这样的老师，因为学生不能为自己的科研服务，从而要求学生把钱还给自己。这样，钱从这些老师的腰包出发，经过了大学的管理费扣除，再经过学生的腰包，承受着极度贫困学生不能归还或无赖学生不愿归还（因为要求归还并不合法，学生可以不认账）的风险，最后又回到了老师的腰包。

总之，2008 年 4 月发生的教育改革把传统的教与学的师生关系改造成了金钱关系，把中国的大学金钱化了，而多数中国人相信，金钱化是资本主义的标志。

2009 年 6 月 10 日晚，罗马 Best Western Globus 酒店，意大利罗马第一大学教授 Pierangelo Catalano 邀请我以及俄罗斯圣彼得堡大学的教授 Tatiana Alexeeva 一起吃饭。席间谈到意大利、俄罗斯和中国三国大学的收费情况，当卡塔兰诺教授得知中国的大学收费比意大利的大学都贵时，他对我说，请不要打破我的幻觉，中国可是一个社会主义国家！我这样回答他：你为什么不可以认为意大利是个社会主义国家？

从法律人的素养想到的

彭　伶*

因为工作关系，我接触的法学工作者是比较多的。毫无疑问，他们中有许多杰出的人士，其中有不少注重修身慎独、法学素养深厚的学者。然而，就在前几天，在一个法学项目评审会上，与一位著名的法学教授聊天，对于现在的法学界，大家有两种同样的感觉：一是世侩气多了，虽然法学本身是一门与世俗联系紧密的社会学科，但是，当世俗的关系、物质开始排挤研究的品质的时候，法学的发展就有限了；二是许多在法学方面造诣颇深的学者，却失之知识结构的单一，惜之非法学知识的不足。他认为，一名法学家至少应当具有一定的文学修养，因为文学能够让人更深刻地了解人性，悲悯世人，法学是一门社会学科，只有对人性有深刻的了解，法学研究才能更具有针对性，才能对国家立法更具有建设性。我深以为然。那么，作为法律人，在法学知识之外，还应当具有哪些素养呢？

想到了几年前随代表团访问欧洲时发生的三件不相关的事。

第一件事是在意大利，当时罗马律师公会做东宴请，当晚有不少律师参加。其中，一些年轻的律师熟悉现代科技和传统文化，综合素质很高，给笔者留下了深刻的印象。当时，笔者与一位年轻律师卡罗闲聊，偶然提到意大利著名诗人但丁的杰作《神曲》，他当场为笔者朗诵了其中的一段，而坐在我旁边的另一位律师则向我解释这些诗句的韵律结构。对此，笔者既钦佩又惭愧。要知道，但丁的这一作品是用意大利语写成的三韵诗，而卡罗居然能随口吟诵。相比起这位年轻的意大利律师对自己国家文化的热爱与熟悉，我们年轻一代的法律人中还有多少能出口成诵？有多少能吟出

---

* 作者为中国法学会研究部学术研究处处长。

《诗经》《九歌》或《离骚》的句子？有多少人对唐宋律法有基本的了解？很多时候，我们的眼睛只是盯着远方，将祖先智慧的结晶视为阻碍我们飞翔的羁绊。实际上，随着不断研习国外法律，我有一个深刻的感受，就是法学研究可以脱离本民族的历史而存在，而立法绝不行。一个缺乏传统法律文化素养的法律人的视野是有限的，当立法者也如此的话，我们的社会必然会为此付出高昂的代价。事实上，我们法治建设中出现的不少问题，都与对国情和对中国传统的不熟悉有关。因此，在法学教育中普及中国传统文化知识包括古代法律制度，提高未来的立法者、司法者对本国国情和传统文化的了解，从长远来看对立法和司法实践都是有很大助益的。因此，丰富的知识结构，是培养法律人素养的基础。

第二件事是在法国发生的，它让我领略了法国警察的专业素质。当时，因为公务活动快结束了，我的心情很放松。也许是太放松了，当车行进在高速公路上，看见几个法国警察正靠在停在路边的摩托车上休息时，我竟然像个快乐的去郊游的学生，笑着向他们挥挥手。团里一位有着丰富经验的老同志立即紧张起来："坏了，他们肯定会追上来检查。"我们都觉得奇怪。老同志解释说，因为我招手了，警察有可能怀疑我是被绑架的，一定会追上来确认。团里其他同志半信半疑，不就是招招手吗，何况我还笑着呢，被绑架的人会笑眯眯的吗？稍加分析就清楚了。然而事实证明，也许法国警察不爱动脑筋，但他们是十分敬业的，不放过任何一个可疑的信号。法国警察的摩托车一路执着地追了上来，紧跟在我们车后。就这样跟了三公里左右。等快到休息区，警察的摩托车抢在我们车前面，示意我们的车跟它走。等车一停下，警察就过来了。也许是心虚，在他向我打招呼时，我特意笑得特别灿烂，以示非绑架之意。警察彬彬有礼地要求检查证件，我们将护照交给他，然后有些紧张地等待着。时间一分一秒地过去，大家都不说话。感觉过了好长时间，而实际不过几分钟，警察回来将护照还给我们，微笑着祝我们旅途愉快。在我心中，法国的印象分开始飙升。等车重新上路，我们才像冻僵的鱼儿进了暖房，重新活跃起来。大家纷纷以此互相打趣，在笑声中继续我们的行程。这段小插曲让我亲身体会到：敬业，应当成为基层执法者履职的根本。而执法者主动履职，不回避任何事件，不忽视任何发生事件的苗头，让人感到法律的存在和威慑力，是维护社会安定所必需的。所以说，法律人对工作的严谨态度，是法律人素养的外在体现。

第三件事是关于三进梵蒂冈的故事。

对我们来说，出国一趟不容易，当然要抓住机会参观。当时日程中有参观梵蒂冈一项。一大早，当我们到达圣彼得广场时，发现广场上站满了人，广场上的大显示屏上正在现场直播教皇的讲话。一打听，才知因为教皇正在主持仪式，教堂暂时停止参观。我们等了一会儿，见无结束的迹象，大家一商量，决定先去其他景点。吃过午饭，我们又到了圣彼得广场，可是人群更多，队伍已经到了广场边缘，其中不乏来自世界各地的神职人员。后来我们才知道由于教皇只在周末出来举行仪式，有时会在窗口与教众见面，因此一到周末，来参观的人就特别多，其中许多神职人员从世界各地赶来只为见教皇一面。今天正好星期天，当然人特别多。见此情景，我们再次离开，又去参观其他地方了。等到下午三点多，我们第三次回到圣彼得大教堂，人流少了不少，我们顺利地排队进入了教堂。圣彼得大教堂不仅是一座宗教圣殿，也是一座博物馆和艺术宝库。当我们进入教堂内部，立刻被震撼了。这座被喻为世界上最宏大、最壮丽的教堂的确名不虚传。当我们走到教堂深处，发现有一片地方被围了起来。里面整齐地摆放着一排排的座位，人们盛装华服，正在专心地聆听。远远的前面有一处讲坛，正有一人在讲话。虽然看不清面目，但从气氛和衣着判断正是当时刚当选不久的教皇本笃十六世。只见教皇讲了一段话之后，又举行了一阵仪式，然后教皇开始往讲台下走。前面有年轻的教士引路，教皇居中，一队红衣主教紧随其后。教皇一行越走越近，然后又渐渐地远去了。人群慢慢散开来，我们也开始慢慢往外走，到了青铜华盖边，我们停下来仔细地参观。突然，青铜华盖上的大灯开了，更映得华盖灿然生辉，整个教堂里响起了音乐和圣歌。这时，教堂警卫过来疏散人群，原来教皇要来这里拜谒圣彼得的陵墓，这是今天仪式的一部分。当时我站在栏杆边，正对着通往陵墓的台阶的拐角，这是教皇一行的必经之地。当教皇一行经过时，我可以清晰地看到他教冠上的纹饰和脸上的皱纹，近到我似乎一伸手就可以够到他的衣角。随着音乐越来越响，教皇慢慢地走了过来，越来越近，他神态安详，脸色红润，让人不由自主地心生敬意。仪式之后，教皇一行慢慢地穿过大教堂，随着他的远去，教堂里的音乐也慢慢地减弱了。

事后与意大利朋友谈起此事，他们都认为我们的运气实在太好。作为一个宗教国家，在意大利，许多人都以服务教廷为荣，一些教徒在一生中多次到梵蒂冈，连远远地见教皇一面都不能，何况这么近距离。了解了这一点，也就不难理解为什么意大利人会认为我们见到教皇是件幸运的事。所以说，对我们而言，虽然有三进梵蒂冈的波折，但终有意外之喜悦。人生如此，法学发展也如此，波折难免，但只要坚持，终究能有更大的收获。在这里，坚持是最重要的。我有时听一些学者发牢骚，法学建议有什么用，法治环境照样。事实上，坚持自己的信念是一件说起来容易做起来很难的事。因为，有时坚持自己的意见意味着与强权的对立，而这在当下意味着什么，能得到什么、会失去什么，每个人都心知肚明。有时，当一个事件发生，有的人发言了，声名鹊起，有的人沉默不语，在这些声音和沉默中，我们更深地触摸到一个学者的良心。每个人的内心都有软弱的一面，在面对压力和诱惑时，坚持说自己想说的话，或者虽不说但不迎合强权，这应当是法学学者的基本品质。这些个体的坚持，总能汇聚成强大的声音。坚持，这是一个简单的要求，但最难。可以说，坚持自己的信念和意见，体现了法律人素养的价值。

欲解实然，先知其所以然，而后论其应然

——沈建峰博士《一般人格权研究》读后

米　健*

看了沈建峰博士《一般人格权研究》的书稿，虽不敢说尽察其慧、尽解其理、尽同其议，然却实实在在地感受到了一个年青学者的治学态度和用心用力。我不能说这是一部卓尔不群、领先众议的作品，但却想说这是一部因其作者治学的认真严肃故而可以认真严肃对待的作品。别的研究范畴我不敢说，但就作品所涉论题而言，这是我至今看到的有关人格权问题研究的最有资料、别具深度、已成系统的著作。它的最大特点，或者说最能体现其治学态度之处就是没有人云亦云、道听途说；没有浮光掠影、止于表象；没有急功近利、哗众取宠。相反，作者寻根溯源、踏踏实实，从对我们来说最直接、最典型的人格权法源头——德国法入手，搜集了大量的第一手资料，在掌握了德国法学界，包括法院判决等大量有关人格权的论点和论据的前提下，从制度根源、问题本质和法律目的等各个方面，严谨而缜密地由具体到一般、由理论到实际地分析、研究并论述了一般人格权的基本原理、其世界观基础及其制度构成与构建。与此同时，对于作为一般人格权的关联形态与实现路径的具体人格权，也做了超越既有相关研究的发掘与阐释。可以说在一定程度上做到了欲解实然，先知其所以然，而后再论其自己理解之应然。仅就此而言，这部作品已经具有了它独特的价值。

“一般人格权”是一个曾在国内学界有过热烈讨论的话题，当然，今天也仍不断有人论及。这个话题之所以引起人们的关注和热议，更多地是由于近年来依法治国观念日渐深入和增强，立法每每颇有跃进之势，特别是不少人呼唤民法典制定中要将人格权独立成编。于是人格权，包括一般

---

* 作者为澳门特别行政区政府政策研究室首席顾问。

人格权和具体人格权自然就成了一个实际和时髦的话题。不过，我个人虽然对依法治国的时代价值和人格权保护的社会价值很能理解，但却对于因此而发生的规模化立法和欲把人格权作为民法典独立一编的雄心不敢苟同。理由很简单，仅仅靠依法治国的热望和人格权保护的诉求，根本不能保证依法治国和人格权保护的实现，要达到这样的目的，需要一个确实存在而且行之有效的制度安排和保障。换句话说，这是一个体制或制度问题，是一个系统工程，需要一个以全民的法治、道德等文化观念与觉悟支持的社会环境。我这样说，并无把立法和依法治国，人格权立法和人格权保护割裂甚至对立的意思。问题在于，切不要以为立法多多益善，甚至将其与依法治国、人格权保护列为正比。这种形式化的东西可能有表达观念和鼓舞民心的作用，但却不能真正解决问题。相反，有时候会适得其反。以为仅靠立法就可以实现依法治国，人格权独立成编人格权就可以得到保护的想法，就像以为戴假发穿法袍用法槌就可以装点和铸造司法独立的想法一样，幼稚而肤浅。事实上，我国法院的法官除了假发还没有戴上以外，法袍穿了很久了，法槌也是天天在敲，但我们所看到和所听到的，未必都是我们希望听到和看到的。

既然人格权的保护不能仅以对人格权立法来实现，那么，人格权的保护当然就更不能靠具体人格权的列举所实现。人格权的保护，除了法律具体和明确的规定外，一方面需要一个建立在对人格权准确认识基础上的一般人格权阐释，另一方面必须还要有一个制度体系以及相应的社会环境来予以保障。前者既是思想观念基础，也是规则设置基础和法律目的问题；后者则是社会条件和制度体系问题。如果认同这点，那么正确地认识人格权，尤其是本来为价值观念表达的一般人格权，科学和理性地确认应予规范和可以规范的人格权关系与相关行为，就成为人格权立法的基本前提。大谈特谈人格权，却对其没有科学和理性的认识，仅凭热情和建功立业之心去进行立法，实在是很危险的。其实，对于人格权的许多问题，我们的认识显然是很不充分的。读者从眼前的这部著作中可以看到，德国的法律人对于人格权的讨论非常多、非常久、非常深入、非常慎重，他们从哲学、社会学和法学等各个角度都有考虑，直到今天，也仍然继续纠结着对这个命题的真谛的探讨，但他们究竟至今没有大无畏地去搞一个“人格权法”，至少在民法典中没有这样做。从制度源流上讲，我们现在所谈的人格权制度，其规则与理论大体上来自于德国民法和德国民法学。但是，对于德国民法中的人格权及其基本理论我们到底了解了多少？是否真的了解？我们对人格权在整个法律制度中的地位及其与其他法律制度的关联，对支持人格权立法的社会和世界观基础是否有过应有深度的思考？从目前我所看到的法学界有关讨论来看，我并不认为许多人能对上述问题给出积极的答案。恰恰相反，我觉得许多议论和主张是不负责任的、甚至是荒唐的。许多人虽然侃侃而谈、大发讨论，但其实对人格权理论和制度的一些基本问题并无清楚和全面的认识，且不要说知其所以然了。更糟糕的是，有些人甚至根本没有时间或干脆没有心思去认识。历史上曾经有过的“人有多大胆，地有多大产”现象，在今天的法学界、立法机构中基因变异似的又再发生。

或许正是由于这种杞人之忧或自扰之庸，我认为沈建峰博士的作品不仅有理论价值和实践意义，也还有职业道德和学术伦理意义。这部著作没有很多激情洋溢的高谈阔论，而是认真沉着地来研究阐释。但言之有理有据之时，立也便在其中了。因而，它能给你一种学术的踏实和厚道感。而在当今法学界，不厚道的文章出品太多了，其毒害有如地沟油一般：吃着没什么，久了伤健康，知晓受愚弄。具体一点儿说，这部著作不仅深入全面地探讨了德国法上一般人格权制度和理论，而且也还以法国法、瑞士法和奥地利法的规定和理论兼论之。他的著作虽以一般人格权为主题，但也涉及了人格权的诸多基本问题，如一般人格权的起源及其形成的历史过程、人格权的本质及其与人的尊严和自由的关系、人格权与侵权行为法的关系、一般人格权和具体人格权的互动关系以及具体人格权的规则与理论。更应提及的是，其中有些问题是我国法学界尚未深入展开的，如：其著作结构层次所体现的人格权的形式结构、价值结构以及内容体系等，人格利益与财产利益的关系及其转换、一般人格权的主体类型等。这部著作另一个值得提及的努力是，它对德国法学和法律实践中影响人格权制度发展形成的观点理论和司法判例作了系统的梳理和分析阐释，而这些角度和深度是现今既有研究并未具有或达到的。

对于这部著作来说，也有个别本应着墨但却没有涉及、颇令人期待但却缺乏说服力的问题。例如：人格权在整个法权体系中的位阶，人格权在民法或其他法律领域中存在的法律原理和制度关联，人格权、尤其是一般人格权的真正起源等。此外，与现时中国法学界有关研究缺少深入连接也是一个遗憾。当然，作者或许是明知当为而不为，目的是使自己的研究更为中立和中庸。不过，这些问题都不影响这部作品的贡献，也不会降低其在相关主题研究中的学术参与作用。我相信，看过这部书的读者一定会或多或少地认可我所发的议论。更为重要的是，它一定会带给关心人格权及其保护的人们以新的视角、信息和思考。果真如此，也是对作者多年来潜心、执着和严谨研究思考的褒奖。

时间隧道另一端的案情

——《神探李昌钰破案实录系列：重返犯罪现场》读后

张君周*

初夏的傍晚，没有难耐的高温，也没有无休无止的蝉鸣。窗外丝丝凉风渐起，高大的白杨树映着斜阳。走近窗边，还能闻到草坪修剪后的绿草气息混杂着地上不知名的白色小花的清香。如果得闲泡杯香茶，斜靠在躺椅上，手持一本《福尔摩斯探案集》，当真是再惬意不过了。此刻，一切平静而又蕴含夏日生机，最适合让活跃的思维伴随着那位身体颀长、长着细长的鹰钩鼻子、目光锐利、口衔烟斗的神探穿梭在各种光怪离奇的案件中。

小说描述了华生初见福尔摩斯时的情境，后者举着一个试管，兴奋地宣称："我发现了一种试剂，只能用血色蛋白质来沉淀，别的都不行……先生，这是近年来实用法医学上最重大的发现了。"这位以冷静、智慧和勇气著称的神探，也深知科学发展对案件侦破的巨大价值。当下，距离小说里描述的时间已有一百多年，法庭科学早已今非昔比，指纹比对、血液鉴定、弹道分析、DNA检测等新技术层出不穷。在这一领域有一位真实的"福尔摩斯"，世界公认的神探——李昌钰博士。与福尔摩斯独特的外形、鲜明的个性不同，出现在媒体镜头下的李昌钰博士总是面带温和的笑容，谦和而平静。他所依赖的不仅是放大镜及卷尺，而是拥有精密仪器的高端实验室以及大量经验丰富、掌握专业知识的同伴。在康涅狄格州的碎木机谋杀案、辛普森杀妻案等著名的大案中，李博士展现了严谨、缜密的物证鉴定态度与惊人的鉴定技能。于是，在美国人们常说，破不了的案子找Dr. Lee就对了。

历史的长河中，遗留着各式各样的疑案、悬案。出于好奇与寻求真相的人类本性，我们或许怀有这样的愿望："如果世界上最好的法庭科学家在

---

* 作者为中国民航管理干部学院教师。

时间方面能够被随意地来回运送，观察犯罪现场，检查关键物证，见证美国历史上的著名审判，并且在程序发生时对程序发表评论，会发生什么呢？”在《神探李昌钰破案实录系列：重返犯罪现场》一书中，这一愿望得以实现。李昌钰博士变成了二十世纪最著名的七起大案的见证人，他带领每一位读者近距离地观摩了上一世纪重大历史性案件的回放。

本书的构思颇为巧妙，李博士采取了当下最为时尚的方式——“穿越”，返回了案件发生的时代。“眼皮一直在打架，我下意识做了最后一丝努力，可仍然赶不走睡眠。我发现自己坐在马赛诸塞州戴德镇一个公园的长椅上。这时正好是1920年5月30日，也就是萨科和范塞迪案审判的前一天。”与当下偶像剧中现代人热衷于参与古人活动不同，李博士始终保持着一个局外人的身份，静静地观察着发生的一切。于是，在“萨科—范塞迪案”中，他感受到了社会舆论中浓烈的国家沙文主义，看到了公诉人、主审法官对激进活动的敌意，也听到了错误百出的证人证言。当他用现代鉴定专家的眼光审视案中证据时，发现了萨科那顶“神秘”帽子涉嫌故意安置，核准子弹与枪支匹配的方法也充满了错误，手枪可能被篡改，枪管或者弹头和弹壳可能被掉包。各种各样的不当行为令人惊叹。在那个种族仇恨和政治恐慌笼罩的时期，“萨科－范塞迪案”的审判不是以事实为基础，而是承载着社会公众的恐惧和仇恨。当证据收集、法庭审判以及社会舆论都丧失了应有的冷静与理性，如何矫正已无从谈起。读罢全案，我们也只能像博士一样，叹息这一案件发生在“错误时间”。

在林德伯格案中，李博士看到了极其糟糕的犯罪现场的保护。“在住宅二楼育儿室的窗户正下方潮湿的地面上，警察发现了浅浅的脚印，但是却忽视了这些脚印，也没有给这些脚印拍照或者对这些脚印用石膏铸模。”医生对孩子尸体的检查只能用“劣等的”来形容。作案梯子的认定，赎金条的字迹鉴定等等技术的运用，都违背了法庭科学基本原理。然而，法庭却在舆论的强压之下，使用这些存在明显缺陷的证据将豪普特曼送上死亡之路。到了上个世纪五十年代萨姆·谢泼德案中，犯罪嫌疑人的伤情检查、死者的尸检以及现场物证收集仍然存在很多明显的错误。不幸的是，本案同样备受民意与媒体的关注，谢泼德被认定为谋杀了怀孕的妻子。这一切似乎表明萨科—范塞迪案与林德伯格案要重演了。幸运的是，此时司法审判更加重视人权保护与理性，案件获得了再审的机会。面对侵犯谢泼德宪法权利的种种错误，韦因曼法官写到：“当这些错误累积起来，这个审判只能被认为是对正义的嘲弄。”更为幸运的是，现代法庭科学之父保罗·柯克博士承受着巨大的压力，对涉案血迹进行了重新鉴定，推翻了原有的结论，为认定被告人无罪提供了重要的依据。

当光阴交错到上世纪六十年代与九十年代，我们又跟随着李博士的步伐，穿行在“肯尼迪总统被刺案”“得文森特·弗斯特谜案”与“琼伯尼特·拉姆案”之中。尽管案件侦查活动仍然存在漏洞与错误，法庭采纳的一些证据也涉嫌隐瞒、篡改以及有意安置。然而，我们仍能感受到现代法庭科学快速发展的成果，如“得文森特·弗斯特谜案”中，已经运用了微量物证的鉴定、DNA 检测以及死者鞋底草和沙粒的分析。在本书最后介绍的 “辛普森案”中，曾是辩护方梦之队成员的李博士故地重游。于是，他向读者展开了一幅案情详图，描述了案件的情况，警察及福尔曼警官的现场侦查活动、血样提取、保存以及那只闻名世界的手套的提取、杀人刀具的鉴定等等内容。这起“世纪大案”不仅是一场控辩双方言辞犀利的法庭论辩，也是科学证据在法庭上的一次全面展示。

在“观摩”七起案件时，李博士总是细心地梳理出案件的关键问题、细节以及存在的争议。对于这些备受争议的案件，他无法像福尔摩斯一样通过一番生动有趣的推理直接给出最终答案，而是在结尾处针对案情列出一些关于鉴定技术上的疑问。这些问题直指案件争议的要害，更能引发读者对涉案证据关联性、真实性与全面性的思考。

书中除了忙碌“穿越”的李博士，还虚构了一个“民意先生”—— “萨姆·康斯坦特”。“他”神秘莫测，在公园、法庭甚至课堂上与李博士不期而遇，随后又伴随着“咔嗒、咔嗒”的声音不辞而别。“萨姆”先生的衣着、行为始终怪诞，但性格却非一成不变。如在“萨科—范塞迪案”中初次亮相时，这位先生“脸色显得阴冷、残忍”，甚至说出“他们应该下油锅”的恶言。当案件审理过程中、公诉方占上风时，又会向陪审团使眼色，或者“沾沾自喜”。在“林德伯格案”中，当李博士提出美国英雄杀害了自己孩子的猜疑时，他激动得“面红耳赤”，狂奔出法庭。这位极具情绪化的“民意化身”到了“谢泼德案”，似乎有了很大的变化。听到二审宣告被告人无罪，他变得既狂躁又平静，甚至说出“我觉得现在在这里没有价值，世界已经改变”。随后，他出现的次数越来越少，对于法庭的兴趣也转移到李博士的课堂。有时，甚至只是邮寄来一张明信片，表达自己的疑问。在“辛普森案”与博士的对话中，“萨姆”先生尽管仍有“非理性的”观点，却也在平静地思索着不同的问题。

“萨姆”先生映射的是二十世纪各类大案中社会舆论、民意的变化。从最初公众的愤怒、担忧直接影响案件审理到“辛普森案”中公众体现出的冷静与克制，反映了民意在社会发展中的不断成熟。这不仅是民众自身素质提高的结果，更是法治理念在社会中的生根、发芽以及司法体制在一国内的建构与完善的结果。当前，国内也有这样一群“萨姆”先生。不久前，民意气势汹汹、齐心协力“实现”了药家鑫的死刑立即执行。随后，又在“吴英案”中大力呼吁、挽救了被告人一命。对此，不少人也在反思，民意之下的“杀人”与“救人”是在主持正义还是破坏司法？什么时候，我国的司法才能树立足够的公信力，让“萨姆”先生平静地面对？

合卷之时，竟在内心升起对作者与译者的感激之情。书中并没有侦探小说里的奇思妙想与精彩绝伦的情节，有的只是从法庭科学的角度对案件材料（甚至包括一些珍贵的照片）的介绍与分析。然而，当学习了太多“玄妙莫测”的理论研究后，这份真实性、准确性难道不是我们长久所期待的吗？也正是因为本书保持了“每一起案件的事实并没有改变”，才更能促使读者更深入地反思以往侦查、审判、取证中存在的问题。

诚如作者在尾声部分写道：“本书的总体目标是要通过回顾遍布二十世纪的经典犯罪案件，说明同样的人类错误和法庭错误一再发生，并且这些错误可能会遮蔽案件的结果。我们的意图是要重温每一起犯罪、每一次侦查、如果有判决的话还要重温每一起判决，以达到我们的目的。”

刑诉法修改与未成年人司法保护

——叶青所长访谈录

鸿　明*

叶青，男，1963年生，江苏省无锡市人。法学博士，教授、博士生导师。曾任华东政法大学副校长。现任上海社科院法学研究所所长、华东政法大学诉讼法学研究中心主任。兼任中国刑事诉讼法学研究会副会长、中国行为法学会常务理事、上海市法学会理事、上海市诉讼法学研究会副会长、上海律师学院特聘教授、上海市人民检察院特约研究员、上海市高级人民法院、第一、二中级人民法院专家咨询员、上海市政协社会和法制委员会特邀委员、中国侨联法律顾问委员会委员等社会职务。是第三届全国法律专业学位研究生教育指导委员会委员、第五届上海市教学名师、上海市第三届优秀中青年法学家。

2012年4月14日，趁在江苏常州参加“刑事诉讼法实施与未成年人司法工作机制创新”研讨会之际，笔者对叶青教授就刑事诉讼法修改、实施及未成年人司法保护等问题进行了专访。时值2012年刑事诉讼法修正案满月，谨以此采访稿敬献给2012年修改后的《刑事诉讼法》，祝愿她在司法实践中真正发挥人权保护法的功能。

鸿明：无巧不成书，今天是2012年刑事诉讼法修正案满月之日。本次刑诉法修改具有历史性的进步，也顺应了国际化的潮流和趋势。您认为2012年刑事诉讼法修改具体有哪些进步之处？

---

* 作者为英国救助儿童会未成年人司法项目顾问，《法学家茶座》特邀记者。

左为叶青教授

叶青：2012 年刑事诉讼法修改彰显了我国人权保障和法治的进步，其进步之处体现在：

第一，这是一次开门立法、民主立法，征求全社会民意并吸纳民意。刑诉法被视为“小宪法”，它与我们所有公民的人身自由和权利都直接相关。本次刑诉法修正案征求意见近八万条，修法过程较前次更科学、更民主、更透明。

第二，本次刑诉法修改体现了通过权利来制约权力这样一个立法理念的转变，即从 power 过渡到 right。例如，充分吸纳了《律师法》的有关规定，通过强化和提升辩护权来制约侦查权。以前把辩护看作是诉讼的异己力量，现在把辩护看做诉讼民主的监督力量来对待。此外，尊重当事人的意志自治，不得强迫任何人证实自己有罪；被告人的配偶、父母、子女不能被强迫到庭作证，从某种程度上来讲，这些都是制约司法权的。

第三，完善了侦查措施。对于危害国家安全犯罪、恐怖活动犯罪、黑社会性质的组织犯罪、重大毒品犯罪或者其他严重危害社会的犯罪案件，以及对于重大的贪污、贿赂犯罪案件、利用职权实施的严重侵犯公民人身权利的重大犯罪案件，赋予采取技术侦查措施的权力，加大对危害国家安全和公共安全等重大犯罪案件的打击力度，保护绝大多数人的生命、自由、财产权利，这对社会管理秩序的稳定有很大作用。人权保障不是狭义上的，以往我们强调人权保障主要是针对处于弱势地位的犯罪嫌疑人和被告人。除此之外，我们还要保障整个国家利益和整个社会的公共利益。对于危险、重大犯罪案件，如果没有程序上的特别控制，就不能体现法律惩罚犯罪的功效。

第四，完善了审判程序。现在案多人少，司法资源很有限，刑诉法修正案扩大了简易程序的受理范围。从理论上讲，基层法院受理的刑事案件，只要符合条件，都可以适用简易程序审理，但公诉人必须出庭。这就在保证司法公正的前提下大大提高了司法效率。此外，公诉案件的和解程序也提高了诉讼效率。如果控辩双方达成和解，诉讼就可“提速”，公权力不过度介入。这些措施我认为比较好。

第五，对于死刑复核程序的完善。根据目前国情，在死刑复核程序不可能完全诉讼化或者改造为第三审的情况下，在原有基础上，增加了“三个应当、一个可以”的规定。即最高人民法院应当讯问被告人、应当听取辩护律师的意见、应当将复核结果通报最高人民检察院；同时，最高人民检察院作为法律监督机关，可以向最高人民法院提出检察意见。这些规定体现了慎杀少杀的刑事政策，体现了对公民生命权的特殊保护。

第六，在保护犯罪嫌疑人、被告人权利，遏制刑讯逼供方面有了很多新的规定。例如，拘留后 24 小时内送看守所，逮捕后立即送看守所；看守所作为法定讯问场所；特殊、重大案件的讯问要全程同步录音录像；第一次讯问或者采取强制措施之日起有权委托辩护律师；法律援助在侦查、起诉、审判阶段的全程覆盖；非法证据排除的程序化，这些规定在我看来都是很好的，对于犯罪嫌疑人、被告人权益的保护与 1996 年刑诉法相比有很大的进步。

本次刑诉法修改虽然还有一些不足，但进步是主要的。我们不一定要与搞了一百多年的欧洲、美国相比，我们才只有三十多年。2012 年和 1996

年相比有很大的进步，1996年同1979年来讲也有进步，这就是历史唯物主义的观点。

鸿明：您认为本次刑诉法修改具体还存在哪些不足呢？

叶青：说到不足的话，第一，从立法理念讲，虽然将宪法的“尊重和保障人权”写进刑诉法，但没有放在第一条，也没有单列出一条作为刑诉法的基本原则，而是放在第二条作为任务来讲。这会给人矮化宪法原则的印象，分量还不够，且与其他宪法原则在刑诉法中的地位不相协调。

第二，从立法技术讲，虽然增加了技术侦查措施，但其中有些条款不完全是技术侦查，名称应该改改，例如可改为“特殊侦查措施”。此外，技术侦查的种类没有讲，对象、期限根本没规定，何谈严格呢？必须从立法技术上来解决问题。

第三，大家意见比较多的第73条指定居所监视居住，本身暴露出一些问题。住处不可以、羁押场所不可以、办案场所不可以，最后把人弄到哪里去？家属、律师都无法去探望。另外，该条第4款规定检察院对于公安机关指定居所监视居住实行监督，合法性的标准没有，你让检察院根据什么标准来监督呢？对这些问题可以从立法技术上规范化、细致化，不能为司法解释开口子。

第四，在立法过程中，部门利益博弈的情况还是存在。例如，增加规定“不得强迫任何人证实自己有罪”，但是又保留“要如实回答侦查人员的提问”。又例如，鉴定人不出庭和证人不出庭的后果不一样。按理说，鉴定意见效力高于证言，鉴定人不到庭，鉴定意见不能作为定案依据；证人无正当理由不到庭，训诫或者拘留10天出来后，庭前证言仍然有效。鉴定意见为何不做同样处理？很大程度上是因为这么多年来证人出庭率低，是办案机关不想让证人出庭，证人的出庭给顺利结案添乱了。再看拘传、传唤，现在规定是要保证犯罪嫌疑人必要的休息时间。我认为，休息时间不能自由裁量（如“必要的”），而应当硬性规定具体的时间限度，这样可操作，也可监控。这些都反映了立法博弈，使得法律的修改不能到位、不全面，对法律执行的效果会有不良的影响。

第五，不同部门法规定不一致。例如附带民事诉讼，侵权责任法中已经明确规定了精神损害赔偿，附带民事诉讼可以适用民法和民事诉讼法，但是却不解决精神损害赔偿。轻的行为支持赔偿，严重的行为反倒不支持赔偿。为什么呢？不排除法院认为现在的物质损害赔偿还执行不了呢，精神损害赔偿就更不行了。这方面的问题，从立法上应该统一起来。

第六，刑事诉讼法还有进一步完善的空间。在我国，“立法如林，执法如零”的现象比比皆是。法律执行不好，立法打架、立法模糊、语焉不详是重要原因。立法不明确的地方，很有可能会成为司法机关不能切实有效执行的借口。例如，现在公检法各机关都适用内部的解释或规定。我们应该吸取经验教训，对于立法不明确的地方，我认为应该像1998年一样，由全国人大常委会法工委牵头对刑诉法的实施进行总的解释，再由各机关制定各自的解释或规定。

鸿明：法律制定和修改后最重要的问题就是实施。法律不明确或存在不足的地方，需要立法解释和司法解释来完善它。解释也是很重要的，如果解释不科学或者各自为政，就会给实施带来很大的问题。

叶青：以往，公检法各家关起门来搞自己的解释或规定。他们往往站在自己的立场，做出对自己有利的解释，有些解释性的规定会曲解法律的原意。实际上办案执行的是各机关内部的解释或规定，这样，就把刑诉法虚化甚至是异化了，刑诉法就不可能得到很好的贯彻和实施。各机关应该增强国家法律意识，保证国家法律不折不扣地被执行。法律的生命力就在于执行。

国家长治久安需要增强法治的理念。中国再也不可能出现领导人个人魅力型的执政了，共产党要长期执政、永远执政一定要依靠法律。人类社会历史的经验告诉我们，只能靠法律来治理国家，邓小平同志也说了，靠人、靠集团，靠几个人的智慧是行不通的。制度面前人人平等，法律面前人人平等，适用法律程序公正、公平、公开也非常重要。如果不能在同样一个尺度下，不能一视同仁，大家就会彼此不信任。如果没有一套公正、高效、廉洁的司法系统，不能严格按照法律程序办事，社会肯定会乱。

实体法一定要通过程序法来保障。程序法的独立价值是不可替代的，把程序法放到比实体法更高的位置，从价值上讲，是不为过的。程序法更能保障人的权利。程序公正是可以统一的，看得见的，是可以达成共识的。而实体公正则无法统一，一个犯罪行为，犯罪人到底是判三年以下有期徒刑还是管制、拘役，有时很难达成共识。如果程序法不能得到有效实施，确实会影响实体法的正确实施，进而对公民的实体权益造成侵害。

鸿明：今天的会议上，有专家提出，刑诉法修改是在总结、实践、探索、试点、实验的基础上推进的，他们担心立法修改后会给进一步的探索、试点、实验造成障碍，例如未成年人刑事案件诉讼程序。您怎么看？

叶青：我觉得不会造成障碍。立法需要通过实践提供素材。理论来自实践，实践也是检验真理的唯一标准。法律的废改立来自于实践，最后指导、规范实践。立法的调研是从实践中调研，收集情况和素材。立法和修法不是一劳永逸的。为什么法律要修改呢？这是因为实践中不断出现新问题，反映了现行的法不适应社会发展的需要，暴露出内在矛盾，就要考虑要适应实践中的新情况、新问题，以作修改和完善。因此，认为修法给实践造成障碍是认知上的误区。

以未成年人刑事案件诉讼程序为例，其本身是在实验、试点的基础上不断完善确立起来的。很多做法原来我们刑诉法没有明确规定，如附条件不起诉、犯罪记录封存、社会调查、合适成年人介入等，但是实践中效果很好。经过这次修改，是否未成年人刑事案件诉讼程序已经非常完美了，已经达到完全理想的状态了呢？不能讲这个话。任何事物没有最好，只有更好。事物本身就是发展的过程。人的认识来自于实践。可能我们现在认为新刑诉法是最好的，但实践以后随着情势发展变化，它的自身、配套以及和其他制度衔接的问题可能会暴露出来，实践会发现这些问题，在解决这些问题的过程中，可能有新的对策、机制发展出来。对于试点或改革的好的成功的东西，我们要努力把它转化为法律。

刑诉法 16 年才改一次。而刑法的修改已经形成了一个比较好的“小修小补”的快速反应机制。新刑诉法出来后不会影响、阻碍现行的制度和程序，修法本身就是改革、完善、发展的过程。完善是中医的方式，改革是西医的方式，中医的调理通过和缓的手段。刑诉法修改完全可以采用刑法修改的方式，通过修正案的方式把实践经验逐步转化为法律，成熟一条，修改一条。这样的话，可以更好地维护刑诉法本身的权威。如果立法跟不上，公检法各家都关起门来搞自己的解释或规定或通知，这就可能破坏国家法律的权威，刑诉法无法得到合法有效的实施。

鸿明：现在很多地方都在搞未成年人刑事案件的司法分流，有的地方将“捕、诉、监、防一体化”成立专门的未检处。司法分流没问题，但是把四种职能合并到一个部门，有没有什么问题呢？

叶青：对“捕、诉、监、防一体化”我持保留意见，不同的职能应该分开。一体化是检察院从自身权力运行便利的角度或者从节约司法资源的角度来考虑的。未成年人刑事案件数量有限，其他部门忙得不得了，而未成年人办案机关工作量远远少于其他部门，一体化就是要节省人力资源。一体化是司法机关内部管理、司法资源配置的问题，但这样做明显违背了分工负责、互相配合、互相制约的原则。程序为什么要分为前置程序、后置程序和过渡程序，就是后一个程序要对前一个程序制约、纠错。通过程序的过渡、制约、监督，来确保办案的效果。而一体化体现不出制约、纠错的功能。

未成年人犯罪和成年人犯罪都是刑事案件，只是对象不同而已，都要适用刑法和刑诉法来处理，都要体现教育、感化、挽救的大原则。刑罚的最终目的是要把罪犯改造成新人。惩罚的目的不是把罪犯边缘化，甚至完全排除出社会，或是从精神上完全剥夺作为一个自由人的独立人格，而是希望将罪犯改造成新人，重新生活，融入社会。在这方面，未成年人犯罪和成年人犯罪是一样的。只是因为未成年人心智不成熟，人格不健全，他的行为、动机与最后的后果以及得到的利益不成正比，所以要通过司法、刑罚帮助他提高对行为的认知，对法律适用后果的认知。但是，对于未成年人适用法律的本质精神同成年人处理没有区别。对于未成年人适用宽缓措施与程序，老话讲“大人不计小人过”，这是我们的文化。但是不能因为对象是未成年人，整个案件的程序就很随意、随便，还是应该保证正确的适用法律，正当程序的保障和步骤还是要有的，不能完全省略了。

鸿明：刑法修正案（八）规定75周岁以上的老人故意犯罪可以从轻或减轻处罚，过失犯罪应当从轻或减轻处罚。对于老年人刑事案件，在诉讼程序方面是否也要特殊处理呢？

叶青：实际上，上海市在开庭程序上对于老年人有特殊处理，审判时老年人可以坐下，可以喝水，这是一种对特殊对象的人道主义关怀。基本法根据对象的不同，可以对其合法权益予以特殊保护。在刑诉法中，除了未成年人外，对于妇女的权益也有特殊的诉讼保护措施，例如怀孕或者正在哺乳自己婴儿的妇女。“老小老小”，一般讲老年人在某些方面像小孩一样，但是我们没有特别的关于老年人的诉讼保护措施。在程序上我赞成可以加上几条，体现对老年人的特殊保护。例如，对于法律援助指定辩护适用对象的，可以加上老年犯罪嫌疑人、被告人。